KB192700

살 자리 팔 자리 잡아주는
한국형 주식 매매법

살 자리 팔 자리 잡아주는

한국형 주식 매매법

이성웅, 이주현 지음

한권으로 끝낸다!
단타 스윙 주도주 실전매매

nomad
지식노마드

차례

2부 분석의 달인 이성웅의 **텐배거, 주도주 매매법**   143

1장 어떤 주식이 주도주인가? - 10배 오른 종목은 이유가 있다

2장 주도주, 언제 살 것인가? 5가지 포인트

3장 주도주, 언제 팔 것인가?

4장 차기 주도주의 탄생은 어떻게 시작될 것인가?

3부 좌담 : 트럼프2.0 시대의 주식 매매 전략

한국시장에 봄은 올 것인가?   223

경제적 자유를 향한 동반자가 되기를

2025년 초반, 한국증시는 쏟아지는 악재와 불확실성 증대로 가장 힘든 시기를 보내고 있습니다. 어려운 시기일수록 두 가지 진실이 존재합니다. 하나는 이 시기는 언젠가는 끝난다는 것이고, 다른 하나는 지금 우리가 여기에 온 이유를 생각해야 한다는 것입니다.

내 삶을 바꿔보고 싶어서든, 매달 조금만 더 돈이 있었으면 좋겠다는 작은 바람에서든, 노후대비를 위해서든, 각자의 출발점은 다르지만, 우리가 나아가야 할 길은 같습니다. 꾸준한 수익과 그 결과로 얻는 경제적 자유입니다.

내가 가져갈 돈은 누군가 대신 챙겨주지 않습니다. 상황이 어려울수록 '한방'의 유혹은 커지고, 그걸 노린 사기와 '추천'이 넘쳐납니다. 그러나 정직한 내 실력만이 원하는 곳에 나를 이끌 수 있습니다. 내실력을 키우는 것은 정확한 지식에 기반한 반복된 경험을 통해 이루어집니다.

수많은 자료와 기법이 쏟아지지만, 결국 주식투자는 "무엇을 사서, 언제 팔 것인가"의 게임입니다. 사고파는 타이밍을 알 수 있다면? 주도주는 처음에 어떤 모습을 하고 있으며 어떤 사이클을 그리며 명멸하는지를 알 수 있다면?

주식 초보자들이 이러한 답을 스스로 찾을 수 있도록《살 자리 팔 자리 잡아주는 한국형 주식 매매법》이 발간되었습니다. 이 책은 한국시장에 맞는 단타, 스윙매매, 주도주라는 카테고리를 중심으로, 종목선택과 매수·매도 자리를 찾는 기준을 풍부한 사례들과 함께 제시했습니다.

주식을 처음 시작하는 분들은 물론이고, 자신만의 절박한 이유로 주식을 시작했지만 지금까지 힘든 시간을 보냈거나 불확실성의 바다에서 표류하고 계신 분들, 주식이론을 듣기는 했지만 잘 이해되지 않는 분들에게 기초를 확고히 다지는 데 큰 도움이 될 것입니다. 경제적 자유를 향해 가는 여러분의 도정에 믿음직한 동반자가 되기를 바랍니다.

이주현 · 이성웅

1부

급등주·테마주 장인 이주현의

500만 원으로
매일 10만 원 버는
매매법

KOREAN STOCK
TRADING METHOD

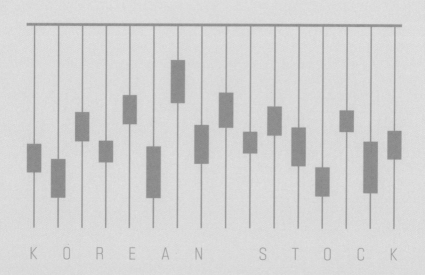

1장

게임의 본질

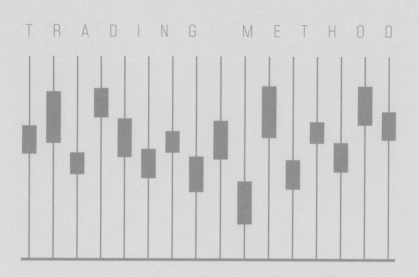

1.
주식투자,
왜 할까

주식은 게임입니다. 게임은 즐겁게 해야 하고 이겨야 합니다. 적당한 승부욕과 함께 용기와 두려움 사이에서 균형감각을 유지할 수 있어야 합니다. 승패를 즐길 수 있어야 게임의 강자가 됩니다. 그럴 생각이 없다면 주식 게임은 아예 하지 않는 것이 좋습니다.

주식 게임은 과학적 근거에 감感을 더해서 접근합니다. 여기서 감은 막연한 느낌이 아니라 경험에서 기반한 느낌을 말합니다. 다만 주식에서의 과학적 근거는 후행으로 만들어진 지표이니 100%의 예측력은 없습니다. 과학의 정의에 따르면, 동일한 조건에서 동일한 결과가 도출되어야 하지만 주식의 과학적 근거는 어쩌면 과학 이전의 단계인 프리 사이언스pre-science에 속할 수 있습니다. 감이란 것은 오락가락하기 마련입니다. 세계적인 투자자 워런 버핏도 그랬고, 숱하게 나타났다 사라지기를 반복하는 스타 투자자들도 마찬가지입니다. 그래서 주식 게임이 어려운 것이고 재미있는 모양입니다.

주식투자를 왜 하시나요? 주식투자로 돈을 벌기 위해서겠죠. 너무나 당연한 답입니다. 주식은 장사나 사업을 하는 것과 동일합니다. 내가 가진 자본금을 바탕으로 이익을 만들어내야 합니다. 근본적으로 싸게 사서 비싸게 판다, 즉 차익실현을 목표로 하고 있습니다.

선비정신은 버리자

그런데 어떤 이들은 정석이라는 말로 그럴듯한 포장을 합니다. 장기투자는 올바른 방향이고, 단타나 단기투자는 투기라고 정의를 내립니다. 그러면 단기투자는 나쁜 것인가요? 저는 그렇지 않다고 봅니다. 상대적으로 어려운 것은 맞지만 단기투자 자체가 문제라는 식의 접근은 잘못되었다고 봅니다.

시간 투입을 얼마나 할 것이냐에 따라 중장기, 단기, 단타 등 용어가 달라지겠지만 시세차익을 노린다는 점에서 보면 결국 그 본질은 똑같다는 것이죠. 중장기 투자를 하는 것이 틀렸다, 나쁘다, 이런 이야기를 하는 것이 아닙니다. 시간적 소요가 다를 뿐이지 주식시장에서 시세차익을 노린다는 점은 근본적으로 같다는 것을 말씀드리는 것입니다.

시세차익이 주식투자를 하는 근본적인 이유라면 내일 당장 어떻게 변할지 모르는 주식을 미래를 믿고 마냥 보유하는 것 역시 리스크입니다. 그런 리스크를 최소화하고자 하는 것이 단기투자 방식이라면 무조건 나쁘게 볼 필요는 없다는 것이죠. 주식투자로 돈을 버는 방식은 다양합니다.

전쟁터와 같은 주식시장에서 선비정신은 버려야 합니다. 선함을 추구하는 것 역시 불필요합니다. 도덕적 접근은 일상생활과 주변에서 찾으시고, 주식시장에서는 내 계좌를 위한 냉정한 판단만이 필요합니다.

테마주는 죄가 없다

테마주 하면 망한다, 급등주 하면 깡통 찬다, 이런 이야기를 한두 번씩 들어보셨을 겁니다. 대부분 직간접 경험에 근거한 얘기일 거라고 생각합니다. 저 역시 테마주나 급등주를 통해 큰 손실을 봤던 적이 있고 그런 종목을 했기에 깡통을 찼다고 생각했습니다.

그런데 테마주나 급등주는 아무 잘못이 없습니다. 오히려 그 어떤 종목보다 큰 수익을 얻을 기회를 많이 제공했습니다. 테마주나 급등주는 아주 강한 시세를 내면서 빠르게 상승하고 변동성이 매우 크다는 특성이 있습니다. 강한 테마가 형성되면 한두 달 사이에 3~5배씩 오르거나 6개월 내에 10배가 오르는 경우도 있습니다. 더 짧은 기간 안에 더 큰 시세차익을 누릴 수 있다는 것입니다.

다시 본질적인 부분을 생각해 봅시다. 주식을 왜 하신다고요? 돈을 벌기 위해 시장에 들어온 것을 잊어버리면 안 됩니다. 저의 경우 테마주를 해서 망했는지, 아니면 살 때나 팔 때를 잘못 찾아서 망했는지 스스로 물어보니 답이 나왔습니다.

테마주는 시간이 지나면 다시 원위치한다며 테마주는 하면 안 된다고 하는 사람도 있습니다. 기업이 성장을 못하거나 실적이 나빠지면 결국 주가는 내려옵니다. 우량주도 고점에 사면 고통스럽기는 마찬가지 아닌가요? 주식을 죽을 때까지 보유할 생각이 아니라면 말이죠. 그런데 20년 뒤, 30년 뒤에까지 기업이 건실하게 살아남고 계속해서 이익이 증가하고 성장한다는 것은 누가 보장해주는 겁니까? 미래는 누구도 모릅니다.

나쁜 결과가 나온 원인은 자신의 판단에 있는 것이지, 테마주를 해서 결과가 나쁘고 결국 테마주는 나쁘다는 결론은 자신에게 도움되는 생각이 아닌 것 같습니다. 돈 벌 자리를 피해 다니는 투자습관을 합리화할 수도 있으니까요.

최근 강했던 테마를 예로 들어보겠습니다. 초전도체 테마를 다들 기억하실 겁니다. 대장주인 신성델타테크가 2024년 7월 말 초전도체 테마로 엮이면서 1만4,000원대 주가가 6만 원을 넘어가는 기간은 고작 13 거래일이었습니다. 고점이었던 17만 원까지 텐배거10 Baggers가 되는 건 6개월이 걸렸구요. 짧은 기간에 빠르게 큰 시세를 내줬습니다. 저 종목에 어떤 문제가 있을까요? 초전도체가 실현 불가능하고 말도 안 되며 실체가 없어서 문제입니까? 테마주는 아무런 잘못이 없습니다. 테마주의 생로병사를 모르고 접근한 나의 무지, 시세가 분출할 때 감정적으로 추격매수를 하거나 아무런 기준 없이 매수 버튼을 누르는 내 손가락에 문제가 있을 뿐입니다.

주식은 안전하지 않다

이러한 종목들은 변동성이 너무 커서 안전하지 않다고도 합니다. 하지만 주식은 안전과는 거리가 먼 상품입니다. 주식투자를 하는 데 있어서 안전한 종목을 찾는 것은 잘못된 접근입니다. 모든 주식은 매수하는 순간 내가 할 수 있는 것은 두 가지, 즉 오르기를 기도하거나 오르지 않고 내려갈 경우 손절하는 것 말고는 없습니다. 삼성전자가 고점인 9만 6,000원을 갔던 시점에 매수한 사람들은 주가가 5만 원대까지 빠지는 동안에도 안전한 종목이라는 생각에 편안한 마음이었을까요?

매출과 영업이익이 꾸준하게 상승하고 부채비율도 낮은 기업이 있었습니다. 사업성도 괜찮아 보였고 저평가되어 있어 장기투자로 적합하다는 생각이 들었고, 주가도 최근 2년간 크게 오르지 않았던 것을 보고 비중 있게 투자했습니다. 그런데 어느 날 횡령·배임과 장부 조작으로 거래정지에 들어가더니 결국 상장폐지로 갔습니다. 확률은 매우 낮지만 이런 일들도 간혹 발생합니다. 주식시장은 이런 곳입니다. 너무 극단적인 사례인가요?

배터리 산업의 성장을 보고 LG화학에 투자했더니 물적분할을 해버립니다. 오너 일가나 최대주주는 1원도 손해보지 않았습니다. 현금흐름이 좋고 외부자금 수혈이 필요없다고 생각되는 장부였는데 갑자기 일반주주 대상으로 유상증자를 하는 경우도 허다합니다. 회사는 멀쩡한데도 시장이 예상치 못한 상황에 직면하면 불확실성이 커졌다고 급락하는 경우도 자주 발생합니다. 물론 주가는 시장이 안정을 찾으면 기업가치대로 돌아오겠지만, 그 기간이 얼마나 걸릴지는 결국 미래의 영역이란 것이죠.

주식시장에서 안전함을 찾을 생각은 버리시기 바랍니다. 리스크를 줄이기 위한 방법은 있으나 그 어떤 종목도 안전이란 단어와는 거리가 멀다고 생각하셔야 합니다. 주식시장은 금이나 원금보장형의 안전한 상품과는 거리가 멀다는 것을 기억하시기 바랍니다.

시장을 있는 그대로 인정하라

우리는 미래를 알 수 없습니다. 미래의 주가는 누구도 알 수 없습니다. 그런 불확실한 상품을 매수하는 데 따르는 리스크를 줄이기 위해서는 무언가 기준이 필요하겠죠. 그 기준을 기업의 가치라는 것에 숫자로 접근하는 것은 가치투자가 될 것입니다. 미래에 발생될 이익을 예측해서 지금 가격대가 미래 이익에 비해 싸다고 판단되면 접근하는 것을 '성장주 투자'라고 합니다.

코로나19라는 전염병이 전 세계를 강타했습니다. 그와 관련된 진단키트, 마스크, 치료제, 원격근무 관련주들이 상승할 것으로 보고 거기에 투자하는 것을 '모멘텀 투자'라고 합니다. 여기서 시간 소요를 길게 잡으면 중장기가 되고, 짧게 잡으면 단기가 됩니다. 결론적으로 주식시장에서 돈 버는 방법은 다양합니다. 흑백논리로 바라볼 필요가 없습니다. 내가 할 수 없었다고 남도 하지 못할 것이라는 일반화의 오류를 범하면 안 됩니다. 두려움은 자신이 그만큼 이해하지 못하기 때문에 생기는 것입니다. '틀렸다'가 아니라 '다르다'는 것을 기억하시고 다양한 방법 중에 자신에게 맞는 방법을 찾으면 됩니다. 문제는 아무런 기준과 공부, 전략도 없이 막연한 생각으로 매매를 하는 것입니다. 그것이 바로 투기입니다.

예를 들어 테마주가 활발할 때 시장이 합리적이지 않다고 비판하거나 저런 게 문제라는 식의 접근을 하는 것은 돈 버는 데 아무런 도움도 안 됩니다. 그런다고 해서 시장이 바뀌는 건 아니기 때문이죠. 시장에서 일어나는 현상을 있는 그대로 받아들이고, 그 현상을 어떻게 이용해서 얼마나 돈을 벌 것이냐에 집중해야 합니다. 시장은 시시

각각 변화합니다. 시장은 5만8,000% 항상 옳다는 것을 기억하시기 바랍니다. 혹시 아니라는 생각이 드시나요? 네, 여러분이 틀렸고 시장이 항상 맞습니다.

시장에 정답이나 정석은 없습니다. 어떤 방법이라도 결국 수익이 나면 됩니다. 그리고 그 방법으로 꾸준히 수익이 난다면 그게 무엇이든 정답과 가까울 것입니다. 유연한 사고를 가지고 리스크를 관리하는 방법을 배우시고, 그 안에서 방향을 잡아나가는 것이 중요합니다.

2.

수익과 손실은
누가 만드나?

주식 매매에서 수익과 손실은 누가 만드는 것일까요? 수익과 손실은
시장이 주는 것입니다. 어떤 종목이 되었든 그 종목을 매수하고 나면
내가 할 수 있는 것은 아무 것도 없습니다. 주가는 오르거나 내리거나
나 둘 중 하나입니다. 여기에 내가 관여할 수 있는 부분은 없습니다.
매수한 다음에는 기도하는 것 말고는 할 수 있는 것이 없습니다. 내가
가진 기준대로 접근했고 예상대로 그 종목에서 상승이 나와준다면 수
익을 챙기는 것이고, 내가 가진 기준대로 접근했는데 예상과 반대로
주가가 아래로 빠져서 하락하면 손절하는 것뿐입니다. 결국 수익과
손실은 시장이 만들어주는 것입니다.

나는 기준을 세우면 된다

상승장에서는 웬만하면 돈을 법니다. 상승장은 내릴 때 사서 오를 때
팔거나, 대충 사서 기다리면 오르는 장이라 대부분 돈을 벌 수 있습니

다. 개나 소나 다 오르니 그냥 보유하는 전략도 통하고, 신고가에 따라붙어도 됩니다. 그런데 이런 시기에 돈을 벌면 자신의 대단한 기법이나 판단력 때문이라고 착각합니다.

　대형주 장세가 왔음에도 불구하고 개별주와 테마주 위주의 공략을 고집하면 시장에서 소외됩니다. 반대로 테마주나 개별주가 강한 시점에 대형주만을 고집한다면 그 또한 소외됩니다. 시장이 하락하는 신호가 나오고 추세가 꺾이는 것이 확인되었는데 아니다, 아직 괜찮다고 고집한다고 시장이 하락을 멈추는 것은 아닙니다. 시장이 상승인지 하락인지, 횡보인지 조정인지를 파악해야 시장에서 주는 수익을 얻어먹기 쉬워지는 겁니다. 그러므로 시장의 방향에 맞게 접근해야 하며 상황에 맞게 방법도 바뀌어야 합니다. 결국 수익도 손실도 시장이 주는 것입니다.

　"쉬는 것도 투자다"라는 격언을 들어보셨을 겁니다. 핵심은 매매 타이밍이 아니라 투자할 때와 쉬어야 할 때를 아는 것입니다. 시장 상황이 좋지 않을 때는 쉬는 것도 투자의 일부라는 것을 잊지 말아야 합니다. 수익 추구에 앞서 손실 방어에 먼저 초점을 맞춰서 최대한 이 바닥에서 살아남아야 합니다. 그래야 경험도 쌓이고 다시 좋은 상황이 왔을 때 수익을 낼 수 있습니다.

시장 추세의 판단 기준

시장의 장기추세와 단기추세를 판별하는 방법으로는 상승 파동의 저점을 이탈하는 것을 기준으로 삼아도 괜찮지만, 초보자도 쉽게 판별할 수 있는 이동평균선을 이용할 수도 있습니다.

■ **장기추세**

• 60일선 120일선 정배열 ⇒ 상승추세

• 60일선 120일선 역배열 ⇒ 하락추세

• 200일선이 우상향하고, 그 위에 지수가 있을 경우 ⇒ 상승추세

■ **단기추세**

• 5일선 10일선 정배열 ⇒ 상승추세

• 5일선 10일선 역배열 ⇒ 하락추세

• 20일선 방향이 하락 ⇒ 하락추세

• 20일선 방향이 상승 ⇒ 상승추세

추세가 하락하는 시점에서는 투자금액을 축소합니다. 장기간 상승한 지수가 하락추세로 전환하는 시점에서는 투자를 쉬어야 합니다.

짧은 매매에서는 코스피 지수 5일선을 기준으로 잡고 대응합니다. 5일선 위로 지수가 쭉 상승하다 5일선을 이탈하는 흐름이 나오면 경계감을 가지고 봐야 합니다. 여차하면 종목들을 팔고 도망갈 준비를 하는 게 좋습니다. 지수가 상승 중에 5일선을 이탈했으나, 다음날 바로 5일선을 회복하거나 10일선 이탈 없이 2~3 거래일 안으로 다시 5일선을 회복하면 상승흐름은 한동안 계속 이어지는 경우들이 자주 나옵니다.

비중을 조절해야 하는 기준은 20일 이동평균선 위에 지수가 있느냐, 아니면 그 아래에 있느냐입니다. 20일선 아래로 지수가 내려오면 단기적 약세장, 반대로 내리던 지수가 20일선 위로 올라서면 단기적

강세장으로 봐도 좋습니다.

시장을 이기는 종목은 극히 드물기 때문에 시장이 하락할 때는 손실을 볼 확률이 높습니다. 시장이 약할 때는 매매 비중을 평소의 절반으로 줄여 약손실을 목표로 방어적 스텐스를 가져갔다가 이후 시장이 강세로 돌아서면 매매 비중을 다시 늘리는 전략이 좋습니다. "물 들어올 때 노 저으라"는 말이 의미하는 것처럼 기회를 잘 활용하는 것이 중요합니다.

물론 매크로 환경(거시경제)의 변화와 함께 본다면 좀 더 정확한 판단을 내리기 쉽습니다. 모든 이슈가 시세에 녹아든다는 점을 생각하면 위의 이동평균선을 시장을 보는 기준으로 잡고 언론에 나오는 매크로 관련 기사들을 참고해서 보는 것이 좋습니다.

뒤에서는 파동을 활용하는 방법에 대해 자세히 설명하도록 하겠습니다. 우리가 할 수 있는 것은 자신을 통제하는 것 말고는 없습니다. 기준을 정해 그에 따른 행동을 실천하고, 기준을 벗어난 행위인 뇌동을 자제해야 합니다. 무엇보다 시장 상황이 허락하는 선에서 할 수 있는 것을 행하도록 합시다.

3.

당신의 게임이
어려워지는 이유

여러분의 주식투자가 어려운 이유는 원칙이나 기준이 명확하지 않기 때문일 겁니다. 기업의 가치를 보고 장기투자로 시장에 접근하는 것인지(참고로 저는 장기투자는 3년 이상을 기준으로 봅니다) 트레이딩을 하는 것인지를 명확히 해야 합니다. 앞에서 저는 본질은 시세차익이라고 말씀드렸습니다. 일반 개인 투자자들은 짧은 시간 안에 돈을 벌어야 하는 사람들이 많습니다. 그들에게 긴 시간의 기다림은 너무나 힘들다는 것이죠.

만약 여러분 중에 3년 이상 포지션을 지켜내면서 주가와 시장의 변동을 아무렇지 않게 여길 수 있는 분이나, 투자 마인드만을 고집하는 분이 있다면 제가 쓴 글을 건너뛰셔도 됩니다. 장기투자가 나쁘다는 것이 아니라 제가 하고자 하는 이야기에서 별 도움을 받지 못할 거라고 생각하기 때문입니다.

투자 vs 트레이딩

트레이딩은 단기적 시세 등락을 이용해 차익을 만들어내는 것입니다. 시세의 변동성에서 나타나는 추세가 있는데, 그 시세를 먹는 것이 트레이딩이라고 생각하면 되겠습니다. 투자가 아닌 트레이딩을 선택하는 이유는 짧은 시간 안에 수익을 내겠다는 목적도 있겠지만, 포지션을 보유하는 것 자체가 리스크라고 생각하기 때문입니다.

시세가 움직일 때 사고, 시세가 멈출 때 빠져나오는 것이 트레이딩입니다. 투자를 할지 트레이딩을 할지 명확한 기준을 잡고 버튼을 눌러야 합니다. 실패하는 사례를 보면, 트레이딩으로 들어갔다가 갑자기 투자로 변해버리는 경우가 빈번합니다. 손절해야 하는데 그러지 못하고 기업의 가치를 따지기 시작합니다. 이는 결국 돈을 잃지 않으려는 심리 때문이 아닐까요?

주식시장은 전쟁터입니다. 여러분은 전쟁터의 지휘관이며 돈은 병사들입니다. 전투에 참전하는 병사들이 단 한 명도 죽지 않는 작전을 짤 수 있겠습니까? 전투는 아군의 100% 생존이 아닌 승리가 목적이라는 것을 기억하시기 바랍니다.

트레이딩을 잘하기 위해 필요한 세 가지

트레이딩을 잘하기 위해서 필요한 것들은 무엇일까요?

첫째, 심리입니다. 주식 격언에 심리가 절반이라는 말이 있습니다. 트레이딩을 하면서 감정에 압도되는 상황이 와서 냉정함을 유지할 수 없다면 멈춰야 합니다. 명확한 기준이 있어도 어느 순간 그 기준을 무시하고 매수와 매도를 누르고 비중 역시 무시하는 매매를 하곤 합니다. 우리는 그것을 '뇌동매매'라고 부릅니다. 손절이 크게 나가거나 여러 번 나가는 경우 심리적으로 위축되어 베팅을 해야 하는 시점에 진입을 못하거나 비중을 너무 적게 담는 경우들이 발생합니다. 그런 종목들이 오르면 또 만족할 수익이 아니기에 심리는 더 안 좋아지는 악순환이 발생합니다. 이런 상황에서는 반드시 멈춰야 합니다. 매매할 때마다 항상 수익을 내겠다는 생각이나 매일 돈을 따겠다는 생각을 버려야 합니다. 기준과 원칙대로 손절은 언제나 나갈 수 있다는 생각을 가져야 하며, 이성적인 판단을 내릴 수 있는 심리 상태를 유지하는 것은 필수입니다.

둘째, 비중 조절입니다. 자신이 감당할 수 있는 금액으로 트레이딩하는 겁니다. 보통 손절이 나가야 함에도 불구하고 손절을 망설이거나 못하는 경우에는 종목에 대한 혹시나 하는 미련도 있겠지만, 감당하기 어려운 금액으로 투자를 하는 경우가 많습니다. 몇 호가 내리지 않았음에도 손실에 대한 공포가 크다면 그건 도박을 하고 있다고 생각해야 합니다. 종목을 매수함에 있어 일정한 금액으로 매수하기보다 항상 총 투자금 대비 일정한 비율로 베팅하는 것이 좋습니다. 비율 베팅을 하면 수익이 날 때는 복리로 수익이 늘어나며 손실이 날때는 줄어든 투자금액만큼의 적은 비율이 적용되어 그만큼 손실이 줄어들게 되어 있습니다.

예를 들어 총 투자금 1억이 있는데 A종목에 2,000만 원을 투자했다고 합시다. 약 10%가 올라 수익을 챙겼고 2,200만 원이 되었습니다. 이제 총 투자금은 1억200만 원입니다. 앞서 A종목에 20%를 투자했는데 수익금을 포함한 총 투자금의 20%는 2,040만 원입니다. 반대로

10%의 손실을 보았다면 그 손실분만큼 20%의 투자금은 줄어들게 되어 있습니다. 손실이 날 때는 원금을 찾고자 하는 마음으로 더 크게 투자하는 경우가 생깁니다. 손실이 쌓이면서 심리가 안 좋은 상황에서 정작 기존대로 베팅을 해야 하는 시점에 하지 못하거나 소액만 하는 경향이 생깁니다. 비율 베팅은 이런 심리적 상황을 극복하는 데 도움이 됩니다.

특정 종목이 마음에 든다고 해서 더 많은 비중을 담지 말고 항상 동일한 비율로 접근하시기 바랍니다. 우리는 매수 이후 그 종목이 어떤 결과로 돌아올지 알 수 없습니다.

그리고 수익금의 일정 비율은 출금하는 습관도 좋습니다. 복리로 시드를 키워나가는 것도 소액일 때는 좋은 방법이지만, 계좌에 돈이 쌓여 있으면 심리적 안정에 도움이 될 수 있다는 것을 기억하시고 수익금의 30% 혹은 50%씩 꾸준히 출금하는 습관을 만들어보시기 바랍니다.

마지막은 타이밍을 잘 잡는 것입니다. 투자든 트레이딩이든 테마주든 우량주든 결국 타이밍이 가장 중요합니다. 트레이딩을 잘하기 위해서는 시세를 잘 파악해야 합니다. 강한 시세가 나올 구간에서 예상대로 시세가 나오면 매매에 동참해야 합니다. 심리는 시세를 만들고 시세는 파동을 만들며 파동은 추세를 만듭니다.

타이밍에 대해서는 뒷부분에서 자세히 설명드리도록 하겠습니다. 어렵거나 복잡하지 않은 방법이라는 점을 미리 말씀드립니다.

4.
정보와 생각,
더하지 말고 지워나가라

주식은 생각보다 쉬운 게임입니다. 너무 복잡하게 생각하지 않는 것이 중요합니다. 주식은 어차피 오르거나 내리거나 횡보하는 세 가지 가능성만이 존재합니다. 그런데 많은 사람들이 이 간단한 게임을 너무 어렵게만 접근하고 있는 것 같습니다. 그들은 회사의 모든 이슈를 체크하고 기업 보고서에, 신문기사에, 차트에, 오만 가지 지표를 보고 있습니다. 그런데 아무리 많은 정보를 취득한다고 해도 주가의 방향을 예측할 수는 없습니다.

주식은 내가 매수한 이후에 상승하면 됩니다. 시세의 방향이 상승이면 그 방향에 따라 매매하면 되고, 방향에 변화가 생기면 그에 대한 대응을 하면 됩니다. 너무 복잡하게 생각하면 진입 시기를 놓치거나 장고 끝에 악수를 두는 경우가 생깁니다. 따라서 최대한 단순화시켜서 원칙대로 행하면 되는 겁니다. 쉽게 말해 주가가 올라갈 것 같으면 사고, 실제로 올라가면 익절, 내려가면 손절하는 방식입니다.

시세에는 시장 참여자들의 심리와 모든 정보들이 반영되어 있습니다. 정보에 뒤처지는 개인이 할 수 있는 방법 중 가장 좋은 것이 바로 추세 추종입니다. 즉 가격에 모든 정보가 녹아 있기에 쓸데없는 것들을 취합하는 데 시간낭비할 필요가 없다는 것이죠. 종목에 좋은 내용이 있는 경우 이미 그 내용을 알고 있는 사람들이 매수할 것이고, 매도하려는 사람보다 매수하려는 사람이 자연스럽게 많아지니 주가도 오르는 것 아니겠습니까?

주식은 세 가지 유형으로 나눌 수 있습니다. 오르는 놈, 떨어지는 놈, 횡보하는 놈. 이 세 가지 유형은 각각의 방향을 나타냅니다. 방향이 한 번 잡히면 그 방향대로 움직이려는 관성이 존재하는데 우리는 그것을 추세라고 부릅니다. 그러면 주식은 선물과 달리 매수 이후에 상승해야 수익이 나기 때문에 오르는 놈 하나를 빼고 횡보하는 놈과 떨어지는 놈은 버리도록 합시다. 언제 박스권을 돌파하고 상승으로 갈지 알 수 없는 횡보하는 놈을 사서 막연히 기다리며 시간과 기회비용을 낭비하지 맙시다. 하락하는 놈은 언제 상승으로 전환할지 알 수 없고, 내려가려는 관성에 따라 계속 하락할 가능성이 높습니다.

초보자 분들이 매매를 단순하게 정립하는 것이 쉬운 일은 아닐 것입니다. 똥인지 된장인지 무엇을 취하고 무엇을 버려야 할지 모르기 때문이겠죠. 이 책이 여러분께 트레이딩에 대한 관점 정리와 심플한 매매를 정립하는 가이드가 되었으면 좋겠습니다.

5.
훈련은 당신을
완벽하게 한다

고등학교 때 저는 라크로스Lacrosse라는 운동을 했습니다. 그 운동을 처음 했을 때는 공을 잡기도 어렵고, 원하는 곳으로 공을 던지기도 어려웠습니다. 그때 코치 선생님은 제게 늘 이렇게 말씀하셨습니다.

"Prcactice makes you perfect"(훈련은 너를 완벽하게 만들어준다).

1년 연습을 반복하니 주고받기가 가능해지고 2년이 지나니 30미터 떨어진 깡통캔을 맞출 수 있게 되었습니다.

트레이딩 역시 마찬가지입니다. 생활의 달인들이 무수한 시행착오를 겪으며 같은 일을 반복해서 자신만의 기술을 터득하는 것처럼 우리는 매매의 기술을 갈고닦아야 합니다.

아무리 시시각각 변화하는 시장 환경이라고 해도 결국 시장의 시세가 움직이는 본질은 똑같습니다. 그 안에서 같은 방식의 트레이딩을 무수히 하면서 실수를 줄여나가는 것은 앞서 얘기한 운동이나 생활의 달인이 되는 과정과 같다고 봅니다.

이론을 기반으로, 거듭된 매매에서 얻어진 경험치가 더해지면서 본질적인 깨우침을 얻게 되는 순간이 반드시 오기 때문입니다.

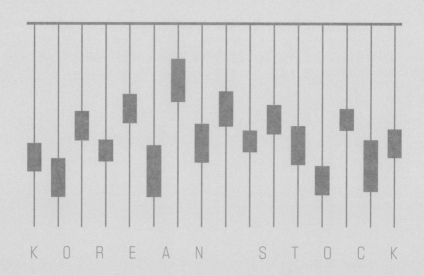

KOREAN STOCK

2장

어떻게 팔 것인가?

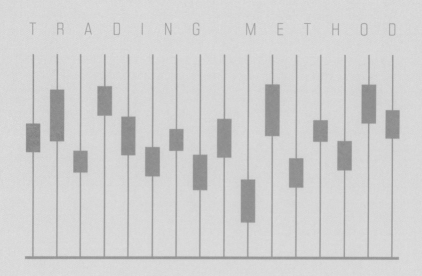

TRADING METHOD

1.

수비를 잘해야
살아남는다

주식투자는 팔아야 끝이 납니다. 시간상의 순서로는 매수가 먼저이고 매도가 나중이지만, 이번 장에서는 매도를 먼저 살펴보겠습니다. 마지막 문장을 써두고 첫 문장을 시작하는 작가들처럼 투자 플랜을 세우고 시작해야 합니다. 무작정 시작하는 것은 투기가 될 수 있습니다.

　주식투자에는 이런 이야기가 있습니다. "매수는 기술이고 매도는 예술이다." 흔히 기술은 노력과 경험이 쌓이면 좋아지는 반면 예술은 그것만으로는 부족한 감각과 재능의 영역인 것처럼 말해지곤 합니다. 그만큼 매도가 어렵다는 뜻일 것입니다. 매도에는 익절도 있겠지만 손절 역시 포함됩니다. 매수보다 어려운 매도에 대해 먼저 이야기해봅시다.

　주식투자는 절대적인 경험치가 없이는 성공하기 어렵다고 봅니다. 물리적인 시간과 경험이 지식과 결합되고 실패와 성공을 통해서 실패의 이유를 찾아내고 줄여가야 합니다. 그러기 위해서는 주식시장에서 오래 살아남아야 합니다. 그래야 경험을 쌓아갈 수 있겠죠. 무턱대고 거금을 투자하고 운 좋게 수익을 보면서 주식을 시작하는 경우가 있습니다. 이른바 초보자의 행운이지요. 그러다가 손실을 크게 보거나 종목에 물리면 그제서야 공부를 하기 시작하죠. 경험이 어느 정도 쌓여서 이제 무언가 조금 알 만한 시점이면 투자금이 없는 상황인 경우들을 많이 봤습니다. 저 역시 그런 과정을 밟았으니까요.

경험치가 쌓이기까지 증시에서 살아남으려면 공격보다는 수비를 잘해야 합니다. 살아남아 있다 보면 기회는 찾아오게 되어 있습니다. 그러기 위해서 가급적 적은 돈으로 시작하시기 바랍니다. 1,000만 원의 투자금이 있다면 50만 원으로 시작하시기 바랍니다. 그 돈을 모두 잃어도 19번의 도전 기회가 있는 겁니다. 이 책에서의 내용대로 매매를 진행하면서 경험치를 최대한 많이 쌓아보시기 바랍니다.

워런 버핏도 손절했다

처음부터 크게 벌겠다는 생각은 버리고 최소한으로 잃겠다는 각오가 필요합니다. 주식은 야구와 비슷한 점이 많습니다. 공격을 아무리 잘해도 수비할 때 실점을 더 많이 하면 게임에서 절대로 이길 수 없다는 것을 기억하시기 바랍니다.

주식을 공부할 때 가장 중요한 부분이 무엇인지 물어본다면 저는 첫째도 손절, 둘째도 손절이라고 생각합니다. 배당투자와 지수인덱스, 적립식 투자를 제외한 투자는 중장기 투자이든 단기 트레이딩이든 손절이 가장 중요하다는 것에는 변화가 없습니다.

좋은 기업이라고 판단해서 투자했으나 경쟁자가 나타나거나 새로운 기술이 등장하면서 그 기업의 경쟁력이 예상만큼 좋지 못한 경우가 생길 수도 있고, 시장의 변화가 발생했는데 기업이 적응하지 못하는 경우도 발생합니다. 내가 생각한 투자 아이디어가 깨지는 시점에서는 손절이 나가야겠죠. 중장기 투자의 대가인 워런 버핏은 손절하지 않을까요? 워런 버핏도 수많은 손절을 했습니다.

"10년 이상 보유할 종목이 아니라면 10분도 보유하지 말라"는 그의 말을 한 번쯤 들어보셨을 겁니다. 그런데 재미있는 건 정작 본인은 반년도 보유하지 않은 종목이 있었다는 것이죠. 예를 들어 리먼 브라더스 파산 1년 전에 워런 버핏이 해당 종목을 손절했다는 사실을 알고 있으신가요? 주식투자를 하면서 손절을 절대로 하지 않았다면 지금의 워런 버핏은 존재하지 않았을 것입니다. 손절을 함으로써 더이상의 손실을 막고, 수익을 낼 수 있는 기회를 얻을 수 있다는 점을 기억하시기 바랍니다. 예전에 누군가 저에게 이런 말을 해주었습니다.

"손절은 더 큰 수익을 위한 것이다".

자, 그럼 이제 손절은 어떤 기준으로 해야 할까요? 우리가 기업의 펀더멘탈, 즉 기업의 기술력, 경쟁력, 성장성을 보고 가치투자로 매수했습니다. 그런데 생각했던 가치가 깨지는 상황이 아니라 증시의 폭락이나 외부적 요건들에 의해서 해당 종목의 주가가 하락한다면 이는 추가매수의 기회가 되는 것입니다. 그러나 기업의 가치가 훼손되거나 투자 아이디어가 무너지는 상황이 발생한다면 손절을 고려해야 하는 시점입니다. 가격에 상관없이 보유해야 할 근거가 사라진 종목은 정리해야 한다는 것입니다.

추세를 이탈하거나 기준이 깨지면 손절한다

기술적(차트) 부분을 보고 포지션을 쌓거나 단기 접근의 타점을 잡는 다는 관점에서 세 가지 기본적인 손절 기준에 대해 이야기해 보겠습 니다. 이때 기본적인 접근 방식이라는 점을 기억하시기 바랍니다.

① 이동평균선 활용

• 급등락하며 가파르게 우상향하는 종목은 10일 이동평균선 이탈 시 손절
• 단기 이동평균선 5, 10, 20일선이 정배열로 우상향하는 종목이 20일선 이탈 시 손절(속임수로 20일선을 이탈시키는 경우 3거래일 안에 20일선 위 로 주가가 다시 올라서야 한다.)
• 단기 이동평균선 정배열로 우상향 중인 종목의 5일선이 10일선을 데드 크로스 하는 경우 매도 신호

② 파동의 저점

주가는 오르고 내리며 저점과 고점, 즉 파동을 만들어냅니다. 이런 저점과 고점은 지지와 저항의 역할을 합니다. 파동의 저점끼리 연결한 선을 지지 선, 파동의 고점끼리 연결한 선을 저항선이라고 합니다. 이러한 지지와 저 항선을 주가가 상방이든 하방이든 깨고 나면 반대의 성질을 가지게 됩니 다. 파동의 저점을 연결하는 선을 추세 대 하단 선이라고 하며 우상향하던 주가가 이러한 선을 이탈하면 손절로 대응하는 것이 좋습니다.

③ 하락폭, 금액

매수가 대비 일정한 하락이 발생했을 경우 기계적으로 손절을 하기 위한

세팅입니다. 어떤 매매를 하는지에 따라 손절 폭은 다르게 세팅할 수 있습니다. 초단기 매매인 경우 -1%에서 -2% 이내의 손절을 설정하는 경우도 많습니다.

• 데이트레이딩 혹은 단기는 -5%
• 스윙은 -10%

이 세 가지 손절 기준은 제가 초보 때 많이 사용하던 방식입니다. 매수 진입이 잘못되었음을 인정하고 손절 이후 다시 진입하더라도 손실 폭에 제한을 두고 접근하는 방식입니다. 지금은 2~3일 정도 매매해서 복구가 가능한 금액 정도를 손절 금액으로 정해 두고 있습니다.

위의 세 가지 기준 중 ①과 ②는 결국 추세를 이탈하는 시점을 손절 타이밍으로 잡는 방법입니다.

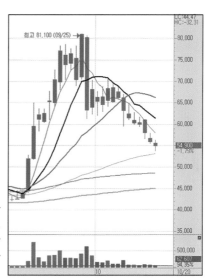

〈그림 1〉
10일 이동평균선을 이탈하는 하락 차트. 검정색 라인 10일선을 이탈하고 반등을 잠시 보여주었으나 추세 하락으로 반전한 모습.

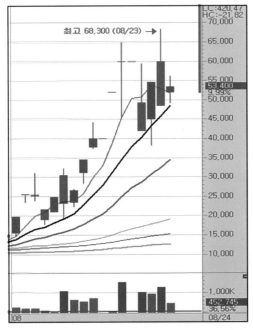

〈그림 2〉
급등 후 상승추세 차트. 검정색
10일선을 상한가 이후 조정 시
이탈하지 않고 계속 우상향을
하는 모습.

〈그림 3〉
상승추세선 이탈 후 급락 차트.
파동의 저점을 연결한 파란색
라인을 주가가 이탈하니 추세가
하락 전환하는 모습.

〈그림 4〉 SK하이닉스 2023년 5월~2024년 2월 일봉차트

　　SK하이닉스의 파동을 초록색 선으로 그려봤습니다. 고점과 저점이 나오면서 빨간색 라인은 각 파동의 저점을 보여줍니다. 조정이 나와도 각 파동의 저점을 이탈하는 모습이 나오지 않습니다. 전 저점 이탈이 없다는 것, 추세가 깨지지 않는다는 것을 보여주는 예시입니다.

　　주식에 100%는 없습니다. 찾아보면 10일선을 이탈하고도 잘 올라가고 20일선 이탈 이후 회복하고 급등하기도 하며, 파동의 저점을 이탈하고도 다시 상승추세를 유지하는 경우도 있습니다. 제가 제시한 기준들은 말씀드린 것처럼 기본적인 접근 방법입니다.

　　기술적인 공부를 어느 정도 하면 다들 아는 내용이며 세력들은 이를 역으로 이용하기도 합니다. 그러나 기본을 모르는 것과 아는 것은 아주 큰 차이가 있다는 것을 기억하시고, 실전에 사용하기 무난한 기준이 될 것입니다. 혹시 손절했는데 주가가 상승하면 어쩌나 싶어 손절을 못하는 우를 범하면 안 됩니다. 손절한 종목이 다시 상승으로 전환하고 추세를 살리면 내가 판 가격보다 높아도 다시 매수한다는 생각이 필요합니다.

하락장에 장사 없다

2021년 가을로 접어들 무렵, 시장은 예상하던 금리인상 시점이 점차 빨라지며 지수는 아래로 방향을 틀기 시작했고, 1년 6개월이라는 긴 시간의 하락 사이클로 진입하는 초입 부근이었습니다. 그때 당시 모 방송사에서 종목상담 코너를 단독으로 진행하고 있었는데, 대다수의 개인 투자자 분들의 종목상담이 그렇듯이 물린 종목에 대한 고민 사례가 많았습니다. 당시 거의 모든 종목에 손절 의견을 드렸는데 무언가 자기 종목에 대해 괜찮다, 걱정 마라 등 좋은 이야기를 듣고 싶어 하는 분들에게 희망 고문이 아닌 그냥 잘라버리라는 얘기만 주야장천 떠들었습니다.

시장에 금리인상 사이클이 오고 있었고 증시는 너무도 올라 있었습니다. 역사적으로 금리인상과 유동성 축소 시점에는 증시가 좋은 적이 없었습니다. "시장을 이기는 종목 없다"는 증시 격언이 있습니다. 조정장에는 상승보다는 하락하는 종목들이 더 많이 나오게 되어 있고, 시장이 무너지는 시점에서 확률적으로 하락이 나올 가능성은 너무나 당연한 이야기입니다. 거기다 이미 시세가 크게 나온 이후 추세까지 하락하는 종목이라면 더 볼 것도 없죠.

기업이 아무리 좋아도 하락장에는 장사가 없습니다. 그렇기에 중장기 투자를 하더라도 이런 시장의 큰 흐름을 거슬러서 접근하게 되거나, 운이 나쁘게도 타이밍이 시장의 꼭지점일 수 있기에 리스크 관리는 필수라고 생각됩니다.

시간이 약 6개월쯤 지나 어떤 분이 유튜브 채팅창에 이런 글을 남기시더군요. 그때 손절하라고 할 때가 여전히 높은 가격이었다고. 당시 저는 지금도 늦었다는 이야기를 했습니다. 결국 시장은 1년여 정도 더 하락했으니까요. 결과론적인 이야기일까요?

지수가 3,200이 깨질 때 최소 2,400까지의 하락과 기간 조정이 1년 6개월이 걸린다는 이야기를 방송에서 이미 여러 차례 말했습니다. 지난 하락 사이클을 기술적으로 분석해 보면 자연스럽게 도출할 수 있는 기간과 데이터였습니다. 뒤에 여러분께 파동과 추세에 대한 이야기를 할 텐데요, 그걸 배우시면 무릎을 탁 치실 겁니다.

처음부터 계획적인 분할매수를 위해 비중을 관리하며 모아가는 것이 아니라면 어떤 기준이 되었든 투자에 있어 손절은 선택이 아닌 필수라는 것을 꼭 기억하시기 바랍니다. 주식투자에 있어서 그 어떤 기술보다 가장 어려운 것이 바로 손절입니다. 성공을 위해 가장 필수적인 포인트이기도 합니다.

뒤의 '매수법' 편에서도 손절 기준을 잡는 방법에 대해 설명을 드리도록 하겠습니다.

2.
여기가 고점이다!
방어의 타이밍

주식은 1+1=2와 같이 정답이 정해져 있지 않습니다. 살아있는 생물처럼 그때그때 달라지기 때문에 단정적으로 이런 상황에서는 이렇게 해야 한다는 정형화된 답이 있을 수 없습니다. 그러나 주가가 바닥이냐 고점이냐에 따라서 비슷한 흐름들이 만들어집니다. 특정 시점에서 나타나는 특징들, 그리고 시초가가 어디서 시작됐느냐에 따라 매수할지 매도할지 가늠하는 기준이 됩니다. 이런 다양한 기준 중에서 알아두면 유용한 내용들을 예시와 함께 정리해 봤습니다.

주식은 흔히 이야기하듯 싸게 사서 비싸게 파는 겁니다. 그런데 이 싸다는 것이 어떤 시점에서 보느냐에 따라 달라진다는 것이죠. 어떤 이들에게는 바닥에서 두 배가 오른 종목이 있는데 향후 주가가 거기서 두 배가 더 오른다면 두 배가 오른 시점에서도 싸다는 생각이 들 것입니다. 데이트레이더나 단기 투자자들에게는 매수하는 시점보다 높게 팔 수 있다면 자신의 매수가는 싸게 사는 것이 될 것입니다.

'많이 올라서 무섭다, 이렇게 오른 주식을 사면 망한다'와 같이 사람마다 다른 주관적인 생각이 아니라 객관적인 기준을 가지고 접근해야 하지 않을까요? 물론 확정적으로 정해진 것은 없습니다. 확률의 문제일 뿐이라는 것을 생각하고 보시기 바랍니다.

상승 3파동, 그다음엔?

주가는 일반적으로 상승 5파 이후 ABC 조정을 받습니다. 엘리어트 파동에 대해서 한 번씩 들어보셨을 텐데, 쉽게 설명해서 상승 파동이 세 번 나오면 시세가 조정받을 가능성이 높아진다고 생각하면 됩니다. 즉, 단기 시세의 끝부분에서 공격하면 주가가 조정으로 들어가면서 수익보다는 손실이 날 확률이 높겠죠? 분봉상에서도, 그리고 일봉과 주봉상에서도 비슷한 흐름들을 관찰할 수 있을 겁니다. 여기서 잠깐, 그럼 파동은 뭘까요? 한마디로 주가가 올랐다가 내리는 것이 하나의 파동입니다.

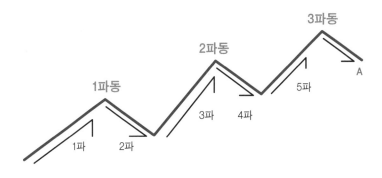

〈그림 5〉 **상승 3파동 모식도**

위 그림의 상승 3파동을 보면 상승 1파, 하락 2파, 상승 3파, 하락 4파, 상승 5파 이렇게 나뉘어 있습니다. 대단히 중요한 포인트는 아니지만 이런 게 있다는 정도로만 알아두고 넘어갑시다.

주가의 상승 시 3파동을 이루어서 움직인다는 것은 기나긴 시간 동안 엘리어트 파동을 활용하고 연구해 온 사람들과 여전히 시장에서 통한다는 것으로 이미 증명되었다는 점을 기억하시고, 이를 모든 종목에 대입해서 해석하기보다 파동이 크게 세 번 정도 나오면 주가가 그만큼 오른 것이니 조심스럽게 접근하는 것이 좋습니다.

매수한 근거가 기업의 실적 성장이라면 보통 기업의 미래 주가는 선반영되어 주가가 상승하게 됩니다. 실적이 예상대로 잘 나와주고 있다면 주가는 우상향을 만들 것입니다. 주가가 상승을 이어가며 상승 3파동이 나왔고, 밸류를 볼 때 더이상 상승의 룸이 크지 않다고 판단되는 시점이라면, 그런 구간에서 강하게 매수하거나 조정으로 생각해 모아가는 행위가 좋은 결과를 가져오기 어려울 것입니다.

테마주처럼 시세가 급등하는 종목의 경우 오히려 뚜렷하게 상승 3파동이 보이는 경우가 많습니다. 물론 두 번째 파동이 더 기냐 세 번째 파동이 더 기냐, 이런 것들로 시간을 낭비할 필요는 없습니다. 정답이 없다고 봅니다. 시세의 연속성은 어설픈 예측보다는 추세가 무너지는지 확인하면서 가야 알 수 있습니다.

15분봉이나 60분봉을 보면 분봉에서도 상승 파동이 세 번 정도 강하게 나오면 주가가 조정받는 모습이 흔히 나옵니다. 조정 이후 다시 상승을 만들면서 올라가는 그림들이 나오는데, 이것을 일봉에서 보면 프랙탈 구조(작은 조각이 전체와 비슷한 모양인 기하학적 구조)가 아닐까 하는 생각이 드는 그런 흐름들이 이어지는 것이죠. 결국 단타나 단기매매의 경우 분봉에서 이런 3파동 이후 고점 추격매수는 손실로 이어질 가능성이 높다는 점을 염두에 두어야 할 것입니다.

분봉에서든 일봉에서든 상승 3파동이 나온 시점에서는 시세의 끝 무렵이 아닐까 하는 생각을 가지고 있어야 합니다. 만약 그런 상황에서 매수할 때는 현재 위치가 리스크 높은 구간이라는 것을 인지하고, 비중 관리나 대응을 더 빠르게 하는 전략들을 미리 생각해둘 수 있을 것입니다.

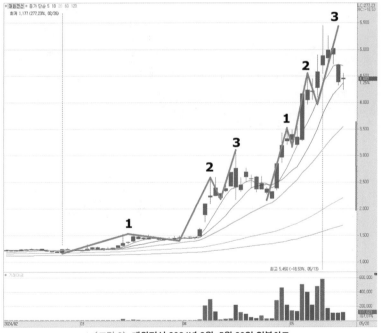

〈그림 6〉 대원전선 2024년 2월~5월 20일 일봉차트

위 예시에서 보는 것처럼 세 번의 상승 파동이 나오고, 조정 그리고 다시 상승하면서 세 번의 파동을 만드는 것을 볼 수 있습니다. 다시 말씀드리지만 1+1=2처럼 답이 정해진 게 아닙니다. 세 번째 파동 이후 시세가 크게 나오는 경우도 있습니다. 세 번째 파동 이후에는 조정 가능성이 높으니 이를 알고 대응하는 것이 중요한 포인트입니다.

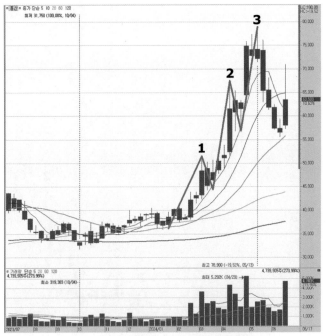

〈그림 7〉 풍산 2023년 7월~2024년 6월 주봉차트

위 차트는 풍산의 주봉인데요, 세 개의 파동으로 상승이 나옵니다. 즉 앞서 얘기한 프랙탈 형태로 움직인다고 보면 되겠습니다.

거래대금 폭발은 추세전환의 신호탄

거래대금이 크게 터지게 되었을 때는 그 기업에 어떠한 호재나 악재가 있는 경우가 많습니다. 아무런 이유 없이 거래량이 급격하게 증가하더라도 이후 왜 그 주가가 급변동했으며 거래량이 증가했는가는 나오게 되어 있습니다. 평균적인 거래량보다 급격한 거래량의 증가는 사람들의 관심도라고 할 수 있습니다. 여기서 거래량과 거래대금의 차이가 있는데 거래량×체결 주가 =거래대금이 됩니다.

거래량보다 거래대금을 중시해서 봐야 합니다. 500원짜리 종목이 1,000만 주 거래량이 하루 동안 터졌다면, 1,000만 주의 거래량에도 불구하고 거래대금은 하루 50억 원에 불과합니다. 똑같은 1,000만 주라도 5만 원짜리 종목에서 터졌다면 5,000억 원입니다.

시장에서 하루에 움직이는 돈은 제한적입니다. 시장 상황에 따라 다르지만, 코스피와 코스닥이 2023년 10월 말 증시가 하락을 마무리하며 상승흐름을 이어가는 상황에서 평균 약 20조 정도의 거래대금이 움직이고 있다고 보면 됩니다. 시장 전체 거래대금의 40분의 1 정도에 해당하는 금액이 한 종목에서 움직였다는 것은 작은 비중이 아닙니다.

거래가 활발한 종목은 그만큼 인기가 있는 것이고, 좋은 이슈가 붙었다고 볼 수 있습니다. 앞서 언급한 500원짜리 1,000만 주 거래량이 터진 종목은 시장 거래대금의 4,000분의 1 정도에 해당됩니다. 종목 자체로는 큰 증가지만 시장에 미치는 영향은 거의 없다고 봐도 됩니다. 거래량보다는 거래대금을 기준으로 잡고 보는 것이 좋습니다.

바닥권이라고 생각되는 구간에서 큰 거래대금이 터지는 것은 조만간 하락을 멈추거나 상승으로 전환될 신호일 가능성이 큽니다. 반대

로 주가 고가권에서 큰 거래대금이 터지는 것은 조만간 주가상승이
끝나거나 하락으로 전환될 가능성이 큽니다.

〈그림 8〉 에코프로 2023년 2월 13일~7월 26일 일봉차트

역사적 고점을 찍은 에코프로가 액면분할 이전 150만 원에 도달
한 날이 7월 26일입니다. 거래대금이 4조1,000억 원이 터졌는데 삼성
전자같이 큰 종목들도 4조 원의 거래대금이 터지는 경우는 잘 없습니
다. 그만큼 어마어마하게 큰 거래대금이 터진 것이고, 에코프로 역사
상 최대 거래대금을 경신한 날입니다. 주가가 아주 많이 오른 시점에
서 사상 최대 거래대금이 터지는 경우는 접근하지 않습니다. 이런 경
우는 고점일 가능성이 높기 때문에 조심해야 합니다.

또 다른 경우로, 큰 거래대금이 터지면서 저항을 돌파한 이후 그
정도 규모의 거래대금이 다시 한번 발생하는 경우는 단기 고점 구간
일 가능성이 매우 높다는 점을 기억하시기 바랍니다. 저항을 돌파하

며 새로운 상승흐름을 만드는 구간에서 발생한 거래대금이 이후 고점에서 이전 거래대금의 80% 이상이 나오는 경우, 추가적인 상승흐름이 제한적일 가능성이 높습니다. 기업의 펀더멘탈상 추가적인 상승이 합리적인 경우가 아니라면 접근하지 않는 게 좋습니다.

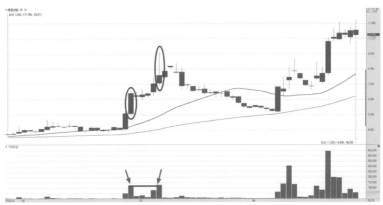

〈그림 9〉 **제룡산업 2024년 3월 20일~6월 28일 일봉차트, 단기 매수세가 들어오고 빠진 흔적**

TIP 시중에 유통되는 돈이 줄어든다는 것은 시장의 활력이 그만큼 떨어지는 것을 말합니다. 좋은 시장인지 나쁜 시장인지를 판단하는 척도로도 활용할 수 있으므로 매매 일지를 쓸 때 가장 먼저 그날의 코스피, 코스닥의 거래대금을 기록해 두는 것이 시장을 판단하는 중요 포인트라는 점을 기억해 두시기 바랍니다. 투자의 기본은 자금 흐름이 어디로 흘러가는지 파악하는 것이며, 왜 그런 흐름이 나오는지를 파악하고 거기서 투자의 아이디어를 찾는 것입니다. 판을 읽는다는 것은 시장의 트렌드를 읽는 것인데, 이는 시중의 돈이 어떤 방향으로 움직이고 있는지를 찾아가는 것이기도 합니다.

삼산(Head and Shoulder)

고점의 신호들로 쌍봉이나 삼산이 있습니다. 너무나 많은 기술적 분석에서 언급하는 내용이지만 실전에서도 상당히 유용하게 쓰입니다. 다 지나간 차트에서 이런 포인트를 찾는 것은 상당히 쉽습니다. 그러나 현재 진행 중인 상황에서 이를 판별하기는 쉽지 않습니다. 고점이 만들어졌던 종목들의 예시를 통해서 어떤 위치에서부터 조심해야 하는지를 알아봅시다.

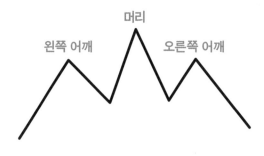

〈그림 10〉 **삼산, 헤드앤숄더, 고점이 만들어지는 모습**

왕관 모양과도 비슷하고 산처럼 보이기도 하는군요. 헤드앤숄더Head and Shoulder라고 가운데 머리가 있고 양쪽에 어깨가 있는 모습에서 나온 이름입니다. 기본적인 형태의 모식도라고 보면 되겠습니다. 헤드앤숄더나 역 헤드앤숄더는 파동이 추세를 만드는 관점을 이해하면 왜 이러한 패턴이 고점과 저점에서 만들어지는를 알 수 있습니다. 파동에 대한 이야기는 뒤에서 자세히 다루도록 하겠습니다. 그럼 실전에서는 각 종목에서 어떤 형태의 차트들이 나타나는지 예시로 확인해 봅시다.

1부 급등주·테마주 장인 이주현의 500만 원으로 매일 10만 원 버는 매매법

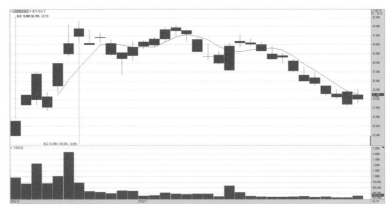

〈그림 11〉 LS머트리얼즈 2023년 12월 15일~2024년 1월 30일 일봉차트, 삼산의 예시

　LS머트리얼즈는 상장 이후 시장에서 가장 강한 종목이었습니다. 앞서 제가 보여드린 모식도와는 약간 차이가 있는 것 같습니다. 그러나 종가를 기준으로 보면 이야기가 달라집니다.

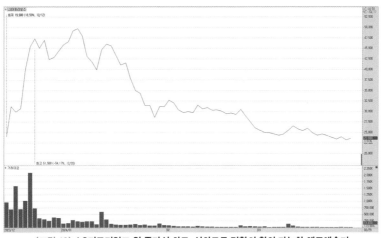

〈그림 12〉 LS머트리얼즈 일 종가선 차트, 선차트로 명확히 확인 가능한 헤드앤숄더

보시는 것처럼 삼산, 즉 헤드앤숄더가 나온 것을 확인할 수 있습니다. 그림에서 보듯이 만약 오른쪽 어깨에서 신고가 돌파를 예상하고 들어갔다면 낭패를 당할 수 있습니다. 그러나 앞서 얘기했지만 이것은 지나간 차트입니다. 오른쪽 어깨인 4만5,000원까지 강하게 치고 오른 양봉으로 다시 한번 신고가 돌파를 예상해서 들어갔고, 만약 저런 형태에서 고점을 갱신하는 시세가 다시 한번 나와줬다면 수익으로 연결될 수도 있겠죠.

1월 중순 실제 상황에서는 삼산이 만들어질지, 고점을 치고 시세가 더 나올지 알 수 없습니다. 시장의 중심에 있던 종목이며 조정 이후 4만5,000원까지 시세 역시 강력했습니다.

여기서 고점을 다시 경신하지 못하면 삼산이 될 수도 있겠다는 생각을 하지만 매매종목으로 삼을 만했기에 4만5,000원 부근에서 진입했다고 가정해 봅시다. 진입 이후 주가가 고점을 경신하지 못하고 밀리면서 저점을 이탈했다면 손절 대응이 나가야 합니다. 4만 원 이탈을 손절로 대응하는 것입니다.

가급적이면 세 번의 상승파동이 나온 종목이 조정 이후 다시 상승이 나오려 할 때는 매매에 동참하기보다는 오히려 고가를 경신한 이후를 노리는 게 더 나을 수 있습니다. 그러나 위의 예와 같이 시장의 중심에서 놀고 있는 종목이고 가장 강한 종목이라면 고점 의심은 들지라도 조심해서 접근해볼 수 있겠습니다. 고점의 형태들을 기억해 두고 시세가 터진 종목들에서 매매로 접근할 때 이러한 부분들을 다시 한번 생각해 보시는 것은 분명 도움이 될 것입니다.

〈그림 13〉 **자람테크놀로지 헤드앤숄더 예시 2024년 2월 14일~2024년 6월 24일 일봉차트**

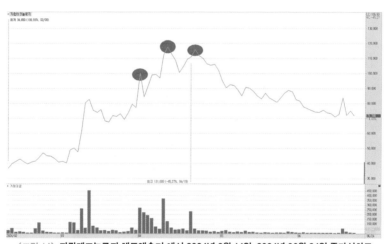

〈그림 14〉 **자람테크놀로지 헤드앤숄더 예시 2024년 2월 14일~2024년 06월 24일 종가선차트**

자람테크놀로지의 봉캔들로는 삼산인지 여부가 애매하다면 종가
선차트로 바꿔서 보면 명확하게 확인할 수 있습니다. 4월 중순 고점에
서 진행 중인 상황에서는 이를 빠르게 파악하기 어렵지만, 전고점을

돌파하지 못헤 조정이 나오고 10만 원을 이탈하면 삼산이 될 수 있음을 생각해 두는 것이 좋습니다.

〈그림 15〉 풍산 종가선차트 헤드앤숄더 예시, 2024년 1월 23일~6월 24일

위 차트는 풍산인데 역시나 고점을 갱신하지 못한 이후 넥라인이 깨지면서 삼산이 완성되어버립니다. 만약 고가권에서 진입했다면 저러한 흐름이 확인된 즉시 빠른 대응으로 손실을 최소화해야 합니다.

이동평균선 활용법

이동평균선은 가장 많이 활용되는 보조지표입니다. 그 역사는 200년을 넘었으며 대가들 역시 사용하고 있습니다. 가장 먼저 제가 사용하는 이동평균선의 세팅에 관한 이야기를 해볼까 합니다.

종가, 단순을 사용하고 있으며 기간은 5, 10, 20, 60, 120, 240 이동평균선을 사용 중입니다. 분봉, 일봉, 주봉, 월봉 모두 똑같이 세팅을 해두시면 됩니다.

이동평균선은 주가가 상승하면 따라서 올라오고 주가가 하락하면 따라서 내려옵니다. 후행성으로 움직인다는 단점이 있으나 각 기간 동안의 매수 평균 가격대를 보여준다고 생각하면 좋습니다. 예를 들어 주가가 5일 이동평균선 위에 놓여 있는 경우 5일간 매수한 사람들의 평균 단가보다 주가는 위에 위치한다고 생각하시면 됩니다.

이동평균선이 위에서부터 아래로 5, 10, 20이 순서대로 나열되어 있다면 단기 이동평균선 정배열이라고 하며, 위에서부터 아래로 60, 120, 240이 순서대로 나열되어 있는 것을 중장기 이동평균선 정배열이라고 합니다. 그리고 위와는 반대로 이동평균선이 역으로 나열되는 것을 역배열이라고 합니다.

중장기 이동평균선이 정배열인 상황을 "우상향 정배열되어 있다"라고 말하는데 단기 이동평균선까지 정배열인 경우, 그 종목을 매수한 대다수 사람들은 수익권이기에 심리상태가 아주 좋을 것입니다. 성급한 매도보다는 지속적으로 주가가 우상향해줄 것이라는 생각이 더 많을 것이며 이는 매도세를 줄여줍니다. 즉, 적은 매수만으로도 주가는 상승흐름을 이어가기 쉬워지는 것입니다.

단기매매는 단기 이동평균선이 정배열인 구간에서 접근하는 것이 좋고, 중장기는 중장기 이동평균선이 정배열로 들어가는 정배열 초입 구간에서 접근하는 것이 좋습니다. 이것은 매수의 관점이니 뒤에서 공격에 관한 이야기를 할 때 자세히 설명하겠습니다.

이동평균선으로 다양한 기준을 잡을 수 있겠지만, 앞서 얘기한 것처럼 이동평균선은 방향을 확인하는 보조지표로 사용하면 좋습니다. 모든 주식은 하락추세, 횡보추세, 상승추세 3가지 유형의 시세를 보여줍니다. 이렇게 큰 틀에서 세 가지 유형이 있는데 한번 추세가 잡힌 종목은 그 방향으로 계속 가려고 하는 성질이 있습니다. 최근 시장은 가는 섹터, 가는 종목만 계속 상승한다는 이야기를 들어보셨을 겁니다. 사실 이건 틀린 말이죠. 최근 시장이 그런게 아니라 거의 항상 그래 왔습니다. 오히려 모든 종목과 섹터가 다 올라가는 시장은 매우 드물게 옵니다.

1997년 IMF 외환위기 때 급락한 후 1998년 회복한 시점, 2008년 미국발 글로벌 금융위기로 증시가 박살난 이후 2009년 바닥권에서 돌릴 때가 그랬고, 2020~2021년 팬데믹으로 인한 급락 이후 엄청난 유동성이 공급된 그런 시장은 극히 예외적이라고 보셔야 합니다.

주식시장에서 자금은 한정되어 있고 한정된 테마, 한정된 섹터에만 수급이 쏠리는 현상이 모든 종목이 다 오르는 시점보다 더 많은 시간 반복되어 왔습니다. 이런 쏠림 현상을 주도섹터, 주도주라고 부릅니다. 사실 주도섹터나 주도주가 없던 시점이 있었나요? 사실 그들 외에는 그다지 큰 재미를 느끼기 어려운 경우가 대부분이었습니다.

당연한 얘기인 것 같지만 우리는 상승추세의 종목을 매수하는 것이 좋습니다. 앞서 말씀드린 것처럼 추세란 관성, 즉 한번 잡힌 방향대로 움직이려는 성질이 있습니다. 하락하는 종목이 내가 사는 시점부터 상승이 나온다 생각하고 접근하는 것보다 상승하는 방향에 몸을 맡기는 것이 수익이 날 확률이 더 높습니다. 반대로 하락하는 종목이 내가 매수하는 시점부터 방향을 바꿀 거라는 생각으로 접근하는 것은 손실 날 확률이 더욱 높다는 것이죠. 그러므로 하락추세에 있는 종목은 가급적 접근하지 않는 것이 좋습니다.

앞에서 단기추세와 장기추세를 배웠습니다. 5일선이 10일선을 뚫고 내려가는 종목은 단기추세가 하락으로 전환되었다고 보아야 합니다. 상승추세로 한참 오르던 종목이 일시적으로 5일선이 10일선 아래로 내려갔다가 다시 정배열로 바뀌는 경우들이 있습니다. 이는 큰 추세가 상승으로 자리 잡고 있는 상황에서 일시적 이탈이 나오는 경우인데, 5일선이 다시 10일선 위로 올라와 정배열로 바뀐 이후 공략해도 늦지 않기 때문에 군이 역배열로 들어선 종목을 매수할 이유는 없다고 볼 수 있습니다.

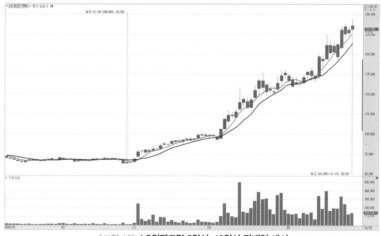

〈그림 16〉 LS일렉트릭 5일선, 10일선 정배열 예시

위 차트는 LS일렉트릭ELECTRIC입니다. 3월부터 박스권을 돌파하며 5일선과 10일선이 정배열로 상승흐름을 타더니, 주가는 10일선 이탈이 두세 번 나오긴 했으나 5일선이 역배열로 들어간 적이 없습니다. 단기 공략이든 스윙이든 매수의 관점으로 상승추세를 공략한다면 반대로 하락추세로 접어드는 종목은 건드리지 않는 게 좋습니다.

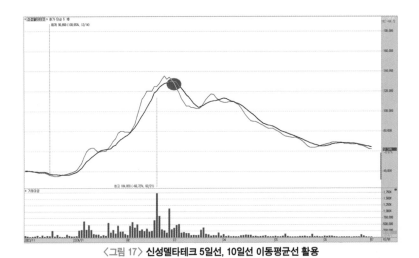

〈그림 17〉 신성델타테크 5일선, 10일선 이동평균선 활용

위 차트는 신성델타테크로 초전도체 테마의 대장주였습니다. 5일선과 10일선(검정색)만 보이실 텐데 상승할 때의 흐름, 그리고 하락할 때의 흐름을 보시면 되겠습니다. 5일선이 10일선을 이탈한 이후 추세가 하락으로 바뀌었습니다. 그리고 주가는 계속해서 내려가는 상황이죠.

거래대금에서 배운 것과 이동평균선을 통해 현재 여러분이 보고 있거나 노리고 있는 종목이 세 가지 유형 중 어떤 상태에 놓여 있는지 판단하시겠죠? 주가와 이동평균선의 차이를 구분해야 합니다. 주가가 일시적으로 내려와도 이동평균선은 평균값이기에 그 변화는 주가보다 느리게 나타난다는 것을 기억해 두시기 바랍니다.

텐배거

텐배거10 bagger라는 용어를 들어보셨을 겁니다. 주가가 10배 상승하는 종목을 텐배거라고 부릅니다. 여기저기 미디어에서 "텐배거 될 종목입니다, 꼭 매수하세요!"라는 식의 썸네일을 자주 보셨을 겁니다. 한마디로 말해 어그로성 콘텐츠라고 할 수 있습니다. 1년간 텐배거가 나오는 종목들이 전체 2,600여 개 상장주 중에서 과연 몇 퍼센트나 있겠습니까? 10퍼센트? 어림도 없습니다. 실제로는 열 손가락 안에 들어갈 겁니다. 물론 장기적으로 그렇게 올라가는 종목도 있을 수 있지만 그것도 극소수에 불과합니다. 만약 그런 종목을 찾았다면 사돈의 팔촌까지 주변에서 긁어모을 수 있는 돈은 다 모아서 몰빵할 것 같은데 왜 남들에게 친절히 알려주는 걸까요? 무슨 말씀인지 아시겠죠?

시대를 관통하는 트렌드가 생겨나면 거기에 속한 기업 중에서 10배 혹은 그 이상 오르는 종목들이 나오곤 합니다. 하지만 그런 종목은 소수에 불과합니다. 미래의 일은 누구도 장담하지 못합니다. 올라야 올랐나 보다 하는 것이죠. 희박한 확률에 무작정 묻어두고 기다리지 마시기 바랍니다. 그리고 짧은 기간 안에 텐배거에 오른 종목들에서 부귀영화를 꿈꾸며 장기투자를 하는 것은 절대로 안 됩니다. 산업이 성장하고 기업들이 장기적으로 수혜를 입을 것처럼 주가가 상승하는 과정에서 긍정적인 이야기들이 많이 나옵니다. 그러나 주가는 산업이 성장하는 것을 항상 선반영하는 경향이 있습니다. 그러니 내가 주식을 사는 시점이 이미 너무 많이 오른 것은 아닌지 한 번쯤 생각해 봐야 합니다. 여기서 '너무 많이 올랐다'는 주관적이고 추상적인 관점이 아니라 1~2년 사이에 5배, 10배 상승한 종목의 경우나 2년 뒤의 영업이익, 즉 포워드 실적을 당겨서 보더라도 현재의 밸류가 높은 상황인지 살펴보시면 됩니다.

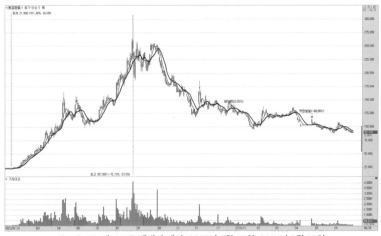

〈그림 18〉 에코프로 텐배거 예시, 2022년 6월 23일~2024년 6월 28일

위 차트는 에코프로입니다. 2차전지, 전기차 시대가 오면서 성장하는 시장의 주도주로 엄청난 상승을 보였습니다. 액면분할 이전 150만 원을 찍고 내리기 시작했습니다. 만약 여러분이 산업의 성장을 생각하며 고점을 찍고 내려오는 구간에 매수를 했다면 지금 반토막이 난 시점에서 너무나 고통스러운 시간을 보내고 있을 것입니다.

1부 급등주·테마주 장인 이주현의 500만 원으로 매일 10만 원 버는 매매법

상승추세에 있을 때는 에코프로에 30만 원부터 150만 원까지 고 Go!!를 외치다 방향이 꺾인 것을 보고 이후로는 계속 스탑Stop을 권했습니다(그 당시 욕먹은 걸 생각하면 300세까지는 살 것 같습니다). 제가 Stop을 외쳤던 것은 2차전지 산업이 성장하는 것을 부정하는 게 아니라 주가가 한동안 상승하기 어렵다고 보았기 때문입니다. 앞서 설명드린 것처럼 단기간 10배를 훨씬 넘는 시세분출과 거래대금이 터지고 추세가 꺾인 것을 보았던 것입니다.

낮은 확률에 큰 베팅을 하는 것은 도박입니다. 한 종목 잘 잡아 대박을 치겠다는 환상을 버리기 바랍니다. 주식에서 일순간 큰돈을 버는 경우가 가끔 있지만 그런 경우 십중팔구 시장에 다시 반납하게 되어 있습니다. 주식은 확률 싸움입니다. 명확한 기준을 잡고 수익과 손절 속에서 확률을 높여가며 꾸준한 수익을 가늘고 길게 추구해야 합니다. 최소한 5배, 10배 오른 종목들이 고점을 형성하는 거래대금이 나오거나 고점 패턴이 만들어지거나, 이동평균선상 하락추세로 전환되는 시점에서는 접근하지 않는 것이 좋습니다. 만약 진입했다면 과감하게 대응해야 한다는 점을 명심하시기 바랍니다.

- 5일선 10일선 이탈 시 단기추세 하락 전환 가능성
- 20일선 60일선 이탈 시 큰 흐름의 상승추세가 끝일 가능성
- 120일 이동평균선을 주가가 깨고 내려간 이후 바로 회복하지 못하면 그 종목의 상승추세는 끝났을 확률이 높습니다. 상승할 명분이 있는 종목이 120일선 이탈 이후 다시 주가가 상승 돌파하며 이동평균선 위로 회복한 경우는 상승추세로 전환한다는 판단이 가능합니다.

3.
철벽수비를 위한
꿀팁

확인하고 매도하라

단기매매가 아닌 스윙이나 중기투자를 하면서 상승추세를 타고 있다면 최대한 인내를 가지고 주식을 보유하며 수익을 극대화해야 합니다. 앞서 고점 신호들이 나올 때마다 분할 매도를 하는 것도 하나의 방법이지만, 상승 초입에 매수가 들어갔고 수익이 대단히 많이 나는 상황이라면 쉽게 매도하기보다는 추세가 꺾이는 것을 확인하고 매도하는 것이 최선입니다.

물론 고점 대비 10~20% 정도 하락이 나온 시점에서의 매도가 될 수 있으나 최고점에서의 수익금을 생각하느라 익절을 못하는 우는 범하지 말아야 합니다. 최저점에서 매수하고 최고점에서 매도하면 얼마나 좋을까요? 하지만 지나고 보니 거기가 고점이었고 지나서 보니 저기가 저점이었다는 말을 기억해야 할 것입니다.

무릎에 사서 어깨에 팔라는 주식 격언은 주가가 바닥권에서 상승추세를 만들고 올라오는 것을 보고 사서, 고점을 찍고 내려가는 것을 보고 팔라는 말이 아니겠습니까? 앞서 배운 삼산의 형태로 고점이 나온 이후 주가가 추세 이탈을 할 때는 넥라인이 깨지는 시점이 대응해야 하는 구간입니다. 결국 목라인이 어깨 부근이라고 할 수 있겠습니다. 큰 흐름을 공략하는 관점에서는 추세가 꺾이는 것을 확인하고 매도해도 늦지 않습니다.

박수칠 때 떠나라

단기매매에서 매수 후 수급이 급격히 쏠리며 주가가 급등하면 순간 아드레날린이 뿜어져 나오며 박수를 치고 싶거나 소리를 지르고 싶어집니다. 그러나 이때 박수를 치고 있으면 다른 투자자들이 먼저 팔아버리고 주가가 밀릴 수 있으니 차분하게 매도하는 것이 좋습니다.

거래대금이 터지면서 강한 시세가 분출되는 날은 수익을 챙겨야하는 날이니, 기분이 날아갈 듯 시세가 나오면 분할 매도를 시작하는 것이 좋습니다.

이제 시작이야! 라든지 처음에 생각했던 것 이상의 시세를 바라는 마음은 욕심이라는 것을 기억해야 합니다. 다시 말씀드리지만, 꼭지에서 파는 방법은 없습니다. 라운드 피겨(딱 떨어지는 가격)나 대량의 매도 물량이 호가에 걸려 있다면 그런 구간에서 분할로 익절해 나가는 것이 좋습니다. 수익이 나는 매매를 하다 보면 조금 빨리 매도하는 경우도 있고 고점에서 매도하는 경우도 생깁니다. 상승추세에서 신고가로 들어가며 시세가 크게 나오는 경우 분할 매도로 수익을 극대화할 수도 있지만 너무 고점에서 팔겠다는 생각에 집착하기보다는 꾸준히 수익이 나는 종목과 타이밍을 잡는 것이 더 중요합니다. 발매도로 수익을 많이 내지 못하더라도 손절보다는 항상 나은 선택이라는 점을 명심하시기 바랍니다.

상승추세에서 갭하락을 주의하라

갭하락은 전일 종가보다 시초가가 하락 출발하는 것을 말합니다. 시초가가 하락한다는 것은 아침부터 매수세보다 매도세가 강하기 때문에 일어나는 현상입니다. 기본적인 가격의 결정이 이루어지는 수요와 공급을 생각해 보면 됩니다.

100%는 아니지만 상승하는 종목이 계속 상승하고 상승 출발하는 종목이 그날 상승이 나올 가능성이 높습니다. 물론 전일 미국 증시가 큰 폭의 하락이 나온 경우 국내 증시가 갭하락 하고, 그 영향으로 개별 종목도 하락 출발하는 경우가 생깁니다. 이런 큰 시장의 영향으로 하락 출발하는 경우를 제외하면 상승 출발은 상승인 경우가 많으며, 하락 출발은 하락인 경우가 많다는 것을 기본 베이스로 깔고 보면 좋습니다.

완만한 단기 상승흐름의 추세를 갭으로 이탈하는 경우가 있는데 이런 경우 단기적 급락이 나오기 때문에 시초가에 정리하는 것이 좋습니다. 트레이딩 관점에서 전일 매수한 종목이 다음날 아침부터 하락하려는 흐름이 보일 경우에는 빠른 대응이 나와야 합니다. 갭하락 출발하는 것은 좋지 않은 상황이기에 시초에 대응을 잘해야 합니다. 특히 종가매수로 다음날 갭상승이나 시세를 노리는 매매의 경우가 될 수 있습니다.

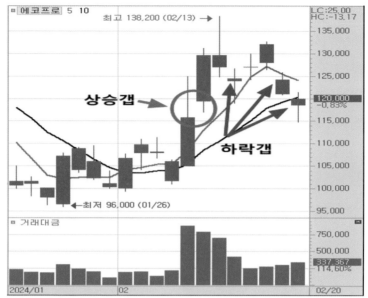

〈그림 19〉 갭상승 하락에 대한 예. 에코프로 2024년 1월 26일~2월 20일 일봉차트

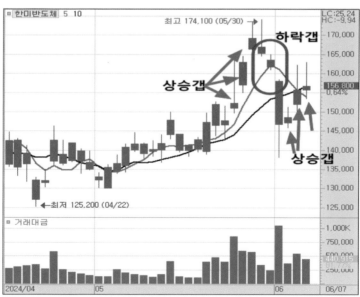

〈그림 20〉 갭상승 하락에 대한 예. 한미반도체 2024년 4월 22일~6월 7일 일봉차트

앞의 예시(그림 20)처럼 거래가 실리면서 강한 상승이 나온 종목이 이후 시가하락으로 출발하는 경우 당일 하락이 깊게 나온 부분을 확인할 수 있습니다

상승 출발 시에는 상승이, 하락 출발 시에는 하락이 나온 모습을 확인할 수 있습니다.

상승이 강하게 나오는 종목이 하락 출발하면 십중팔구는 하락할 가능성이 높습니다. 5일선과 이격이 벌어지며 강한 시세가 분출하는 종목이 5일선에서의 갭하락을 보일 때는 조심해야 합니다.

주식은 도박이 아니다

제가 제시한 내용들이 매도에 관한 모든 상황을 커버하는 것은 아닙니다. 조금이나마 매매에 도움이 되었으면 좋겠습니다. 아이러니하게도 돈을 벌기 위해 주식을 하는데 이때 욕심을 내려놓아야 돈이 벌린다는 것입니다. 욕심에 관한 이야기는 뒤에서 더 다루기로 하고 꼭 기억하셨으면 하는 것은 주식투자는 도박이 아니라는 것입니다. 테마주냐 가치주냐 이런 것으로 도박이다 아니다를 말하는 것이 아닙니다. 막연히 어떤 종목에서 큰 대박을 노리면 쪽박이 기다리고 있을 것입니다.

자신이 잘 알지 못하는 것에 무리한 금액을 넣는 것이 도박과 무엇이 다르겠습니까? 트레이딩을 하면서 반복적으로 손실이 나는 상황을 줄여나가다 보면 결국 수익으로 연결될 것입니다. 가늘고 길게 꾸준함을 추구함에 있어서 공격보다는 수비가 중요하기에 지금까지 익절 혹은 손실을 줄이기 위한 매도에 대한 이야기를 풀어보았습니다.

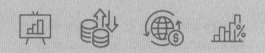

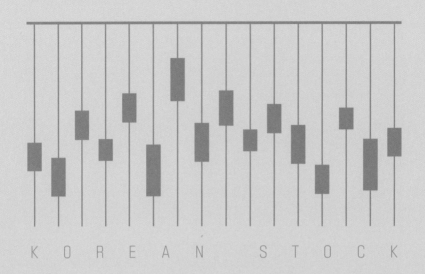

KOREAN STOCK

3장

어떻게 살 것인가?

TRADING METHOD

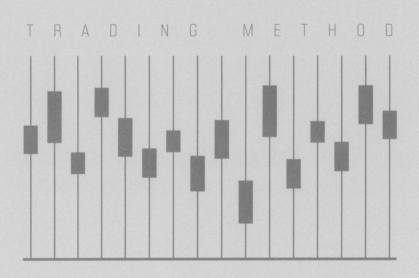

1.

공격을 잘해야
돈을 번다

절대 매매 비기

주식투자를 오래 하면서 배운 것 중 하나는 절대 비기祕器, 무조건 돈
버는 방법, 정해진 정답지 같은 것은 없다는 사실입니다. 오랜 기간
1+1=2라는 정형화된 틀을 찾아다니며 허송세월을 보냈습니다. 이것
하나만 배우면 무조건 수익을 낼 수 있다는 공식이 존재한다면 대대
손손 최고의 비밀로 그 누구에게도 발설하지 않아야 하는 것 아니겠
습니까?

　정말 오랜 기간 주식공부를 하면서 파고 또 파봐도 결국 이름만
다를 뿐 내용은 거기서 거기입니다. 다른 무엇도 아닌 돈을 벌기 위한
방법이니 아주 오래전부터 많은 선배들이 고민하고 연구해 왔습니다.
결국 하늘 아래 새로운 것은 없습니다. 정말 다양한 방법이 있지만 여
러분께 말씀드리고 싶은 것은 가장 본질적인 방법이자 근원적인 접근
으로, 시세의 흐름을 이해하고 거기서 자신만의 매매방식을 적립할

수 있는 이야기라고 생각합니다.

　오랜 경험에서 직관이라는 것이 생긴다면 그 직관에 따라 오를 것 같으면 매수, 내릴 것 같으면 매도하는 것이 좋습니다. 그러나 경험이 없는 사람들이 가지는 직관은 근거 없는 감感에 의존하는 것이 되기에 오랜 기간 매매를 통해 직관이 생기기 전까지는 정해진 기준과 원칙을 따르는 것이 좋습니다. 매수에 관한 이야기니 오를 것 같은 흐름이 만들어지는 모습들, 그리고 그런 모습들이 나올 때의 대응 방법에 대해 이야기를 해보겠습니다.

방향을 맞추는 게임

주식투자를 단순하게 정리하면 방향을 맞추는 게임이라고 보면 됩니다. 앞서 모든 종목은 세 가지 유형으로 분류가 가능하다고 말했는데, 그중 우리는 상승으로 방향이 잡힌 종목에서만 투자하고 매매하는 것이 좋다고 했습니다. 그렇다면 이번에는 좀 더 자세하게 파고 들어가 봅시다. 이는 매우 중요한 이야기이며, 어쩌면 이 책에서 가장 중요한 이야기가 될 것입니다.

　상승추세에 놓인 종목들은 어떤 좋은 스토리가 있기 마련입니다. 어떤 스토리가 되었든 기업이 좋아질 것이고, 그로 인해 주가는 상승할 것이라는 기대감을 받고 있다고 보면 됩니다. 세계 최초로 획기적인 기술을 개발해서 시장에서 독보적인 위치에 올라설 수 있다든지, 유일하게 보유한 기술로 글로벌 기업에 납품이 이루어지고 있고 그로 인해 성장이 크게 나올 것이라든지 스토리는 다양합니다. 주가가 우상향을 그리고 있는 종목들은 그 종목에 참여하고 있는 많은 투자자는 매매의 관점이든 보유의 관점이든 긍정적인 생각을 가지고 있습니다. 올라야 수익이 나는데 당연한 이야기 아니겠습니까?

상승하는 종목은 좋은 스토리가 있다고 했는데요, 거기에 거래대금이 큼직하게 실린 인기 종목이라면 사려는 사람이 팔려는 사람보다 많을 것이고, 수요와 공급에 의해서 주가는 상승이 나오기 마련입니다. 주가는 자꾸 올라가니 사려던 사람들은 주가가 조정을 받으면 기회라고 생각할 것이며 그런 매수세로 인해 조정 역시 제한적입니다. 그런 종목들은 상승은 길고 조정은 짧으며 그 방향성이 계속 유지되는 것이지요. 반대로 주가가 우하향 하락하는 종목은 좋은 스토리가 사라져버린 이후의 종목들입니다. 매도세가 매수세를 이기면 주가는 내려갑니다. 주가가 흘러 내려가니 손실이 난 사람들이 대부분입니다. 주가가 반등이 나오려고 하면 손실 구간에 있는 사람들은 날 살려라 하며 빠져나가기 바쁩니다. 저점에서 매수한 사람도 주가가 더 못 올라가고 매도세가 강하거나 저항인 구간에서 익절하겠다고 생각하니 매수보다 매도가 더 많은 것은 자연스러운 현상이겠죠.

내려가던 종목의 방향이 바뀌기 위해서는 매도세보다 더 강한 매수세가 필요합니다. 매도하려던 사람들이 다시 수익에 대한 기대감을 갖도록 하는 좋은 스토리가 필요합니다. 앞서 저는 심리가 시세를 만들고 시세는 파동을 만들며, 파동이 추세를 만든다고 했습니다. 매수자와 매도자의 심리에 따라 시세가 오르고 내리면서 파동이 만들어집니다. 그런 파동의 저점이 높아지고 고점이 높아지면 상승추세가 형성되는 것이고, 반대로 저점이 낮아지고 고점이 낮아지면 하락추세가 형성되는 것입니다.

〈그림 1〉 **상승추세 모식도**

〈그림 2〉 **하락추세 모식도**

이와 같이 추세가 형성되는 과정은 제가 지어낸 것이 아니라 다우 이론이라는 기술적 분석의 시초가 된 이론에 나와 있는 내용입니다. 지금까지도 기관이나 외국인 등 기술적 분석을 공부하는 모든 이들의 기본 중 하나입니다.

주식투자에서 가장 중요한 것이 손절이라고 말씀드렸는데 그만큼 중요한 것이 방향, 즉 추세입니다. 우상향 추세가 만들어진 종목의 경우 바닥권에서 이미 주가가 어느 정도 상승해 있는 상황입니다. 대략 바닥에서 40~80% 올라 있는 경우가 많은데요, 이렇게 방향이 잡힌 종목들은 주가가 더 상승하는 경우가 허다합니다.

1부 급등주·테마주 장인 이주현의 500만 원으로 매일 10만 원 버는 매매법

주식은 횡보하는데 나는 바닥이라고 생각하는 경우도 많습니다. 언제부터 상승으로 방향을 잡을지, 아니면 바닥을 깨고 내려가서 땅굴을 팔지 모르는 상황이 흔합니다. 이런 구간에서 매수하고 기도를 하기보다 일단 방향이 확실하게 잡힌 종목을 공략하는 것이 핵심입니다. 돌파든 눌림이든 방법은 상황에 맞게 선택하면 됩니다. 이런 접근 방식을 추세추종이라고 하며, 방향에 따라 베팅하는 것입니다. 많은 대가들이 이런 추세추종으로 큰 돈을 벌었고 여전히 매우 유용한 접근 방식입니다.

■ **추세추종 : 이런 종목은 안 본다.**
① 하락추세의 종목은 안 본다.
② 바닥권을 횡보하는 종목은 안 본다.

우상향 종목만을 보면 좋은 점은 약 2,600개 종목 중에서 많은 종목을 내 입장에서 걸러낼 수 있습니다. 기업의 가치가 좋고 긴 관점의 투자를 위해 산다고 하더라도 추세가 하락을 멈추고 바닥을 만든 이후 상승으로 방향을 잡은 종목을 선정하는 것이 훨씬 성공률이 높습니다. 아무리 가치가 좋아도 시장에서 인정해주지 않으면 주가는 상승추세를 만들 수 없습니다. 시장 참여자들이 그 가치를 인정해줄 때에만 주가는 상승흐름을 탑니다. 좋은 종목을 발굴했다면 방향이 잡힐 때까지 기다리는 인내도 필요합니다. 주식을 잘하기 위해서는 욕심을 버려야 한다고 했는데 바닥에서 주식을 사겠다는 것도 일종의 욕심이 아닐까요?

시세에는 모든 것이 있다

말 그대로 시세에는 모든 것이 녹아 있습니다. 그 종목에 참여하는 투자자들의 심리, 재료나 실적, 호재와 악재를 모두 반영하는 것이 시세입니다. 해당 종목의 모든 부분을 반영해서 움직이는 것이 시세라는 점에서 우리가 집중해야 하는 것은 시세 그 자체라고 생각합니다.

복잡한 보조지표들을 여러 개 차트에 띄워두고 무언가를 읽어내기 위해 고군분투하는데, 저는 이러한 것들을 최대한 다 삭제하고 가장 기본적인 것들만 쓰기를 권합니다. 볼린저 밴드Bollinger Bands, 엔벨롭Envelope, MACDMoving Average Convergence Divergence(이동평균 수렴·확산 지수), 스토캐스틱Stochastic, RSIRelative Strength Index(상대강도지수), 일목균형표 등의 지표들은 결국 가격과 거래량에서 파생되어 나왔고 후행적인 흐름을 보여주기에 굳이 볼 필요가 있을까 싶습니다.

다양한 정보를 최대한 취합해서 더 좋은 결과를 만들거나 특정한 부분을 좀 더 쉽게 이해하기 위해 보조지표들을 활용한다고 하지만, 많은 정보라는 것은 오히려 본질을 흐리거나 장고 끝에 악수를 두게 만들 수 있다고 생각합니다. 시스템 트레이딩을 하실 게 아니라면 보조지표에서 어떤 의미를 찾지 마시고 기본적인 가격과 거래량에 집중하는 것이 더 직관적이며 근본적인 측면에서 시세를 이해하는 데 가장 좋다고 생각합니다. 최대한 심플하게 기준을 잡고 그 기준과 원칙을 지켜나가는 것이 최선이 아닐까 생각합니다. 저 역시 보조지표들에서 답을 찾고자 2~3년이 넘는 허송 세월을 보냈습니다. 여러분은 그런 시간 낭비를 하지 않으셨으면 좋겠습니다.

1부 급등주·테마주 장인 이주현의 500만 원으로 매일 10만 원 버는 매매법

2.

추세를 읽는
방법

하락기점을 돌파하면 추세가 바뀐다

앞에서는 이동평균선을 활용해 추세를 파악하는 방법을 알아보았다
면 이번에는 다우이론에 입각한 파동으로 추세를 읽는 방법을 살펴보
겠습니다.

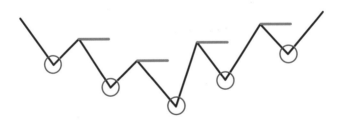

〈그림 3〉 **추세 변곡의 예시**

위 그림의 빨간색 동그라미는 파동의 저점을, 파란색 라인은 파동

의 고점을 나타냅니다. 저점이 낮아진다는 것은 전저점을 깨고 주가가 더 하락했다는 것이고, 이런 구간들이 계속 이어진다는 것은 결국 주가가 하락으로 계속 내려가고 있다는 것입니다. 빨간 동그라미가 저점들인데 하락추세 구간에서 저점에서 반등이 나올 때 형성되는 고점을 보시면 직전 고점을 돌파하지 못하는 모습들이 나옵니다. 하지만 이를 돌파하는 현상이 나오면 그때는 추세전환 가능성이 높아졌다고 볼 수 있습니다. 그렇습니다. 가능성입니다. 100%는 주식에 존재하지 않습니다.

어느 시점에서 파란색 라인의 고점을 돌파하더니 하락파에서 형성되는 저점이 직전 저점보다 높아집니다. 아래 예시를 봅시다.

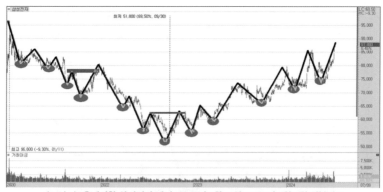

〈그림 4〉 **추세전환 삼성전자 예시. 2020년 1월 11일~2024년 7월 9일 일봉차트**

2021년 삼성전자가 9만 5,000원 돌파 이후 지속적으로 하락하다 2022년 10월부터 상승이 나오기 시작해서 2024년 7월까지 이어집니다. 이 기간 차트 흐름의 파동을 고점과 저점을 구분하기 쉽게 선을 그어놓았습니다.

저점을 지속적으로 이탈하며 내려오던 종목이 2021년 말 고점을 한차례 돌파하는 모습이 잡힙니다. 이후 저점을 다시 깨지 않고 고점을 경신해 준다면 추세를 상방으로 돌렸다고 볼 수 있었으나 다시 저점을 이탈시키며 하락추세 지속형이 되어버렸습니다.

2022년 10월에 상승이 나오기 시작했고, 11월 11일에 8월의 고점을 돌파했습니다. 이후 주가는 조정이 나왔으나 직전 저점보다 높은 곳에서 저점을 형성하는 모습을 보였고, 직전 고점까지 다시 돌파하는 모습이 나왔습니다. 상승추세의 완성이죠. 이렇게 추세가 완성되고 조정이 나왔다가 다시 직전 저점을 이탈하지 않는 선에서 상승으로 전환하며 저점을 형성하는 것을 확인했다면 매수가 가능한 포인트라고 생각하면 되겠습니다.

글로 설명하니 너무 어렵게 느껴지나요? 정말 중요한 내용입니다. 두 번 세 번, 아니 이해가 될 때까지 100번을 읽으셔야 합니다. 그림을 보면서 찬찬히 읽어보시기 바랍니다.

앞서 우리는 상승추세에 놓여 있는 종목들만 보자고 했습니다. 그렇다면 이 종목이 상승추세를 이탈했는지 지속적으로 추세가 유지되고 있는지를 알아야 하는데, 아래의 예시를 보겠습니다.

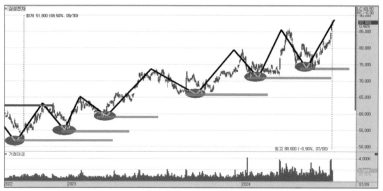

〈그림 5〉 상승추세 상승기점 삼성전자 예시. 2022년 8월~2024년 7월 일봉차트

위 예시에서 상승 파동이 만들어지고, 저점을 높여가면서 계속 주가가 상승중인 것을 확인할 수 있습니다. 각 파동의 저점을 이탈하는 흐름이 나오지 않는 선에서 주가의 조정이 이루어지고 상승이 이어지면 추세는 유지됩니다.

파동 안에는 작은 파동들이 있으며 큰 시간대의 파동에서 작은 시간대의 파동으로 들어가는 프랙탈 구조로 이루어져 있습니다.

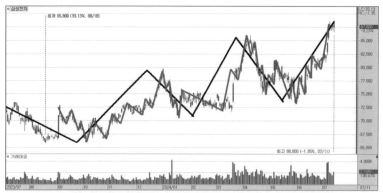

〈그림 6〉 다우이론 파동의 프랙탈 예시. 삼성전자 2023년 7월~2024년 7월 일봉차트

차트는 삼성전자의 큰 파동을 확대해서 보면 작은 파동들로 구성되어 있고 하락 시 저점을 내리고 고점을 내리는 모습과 상승 시 저점을 올리고 고점을 올리는 모습이 있습니다.

그렇다면 파동을 정확하게 인지하기 위해서는 파동이 이루어지는 각 변곡의 기점들을 정확히 알아야 추세가 유지되는지 아닌지를 판별할 수 있습니다. 앞서 〈그림 5〉의 삼성전자 차트를 보면 상승추세에서 파동의 저점들, 즉 상승기점을 이탈하지 않으면서 올라가고 있습니다.

주가하락 시 저점을 이탈하며 만들어지는 하락파의 고점이 하락기점이 됩니다. 반대로 주가상승 시 전고점을 돌파하는 상승파의 저점이 상승기점이 됩니다.

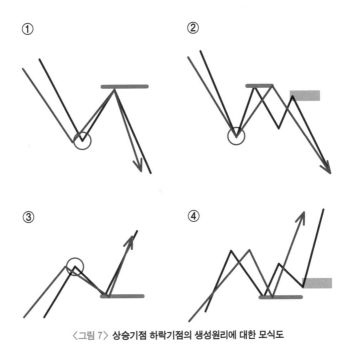

〈그림 7〉 **상승기점 하락기점의 생성원리에 대한 모식도**

위 그림의 내용이 매우 중요한데 ①의 하락파동 그림을 보면 빨간 동그라미가 저점이며 반등 이후 내려오는 하락파에서 빨간 동그라미인 저점을 이탈시킵니다. 이렇게 저점을 이탈할 경우 그 하락파의 출발점(파란색 라인)을 하락기점이라고 할 수 있습니다.

위의 그림 ②에서 핑크색은 기점이 될 수 없습니다. 이유는 저점을 아래로 깨고 내렸다 올라온 게 아니기 때문에 하락기점이 옮겨갔다고 볼 수 없는 것입니다. 상승기점(③)은 이를 역으로 생각하면 됩니다.

주가가 내릴 때 하락기점은 매우 중요한 포인트입니다. 주가가 이런 하락기점의 가격대를 위로 돌파해주는 강한 상승(④)이 나오면 추세전환의 가능성이 생기기 때문입니다.

앞서 삼성전자 차트(그림 5)에서 보는 바와 같이 2022년 11월 11일에 8월의 하락기점을 상승돌파한 이후 하락추세가 끝날 가능성이 높아지며, 이후 조정에서 상승기점을 하향 이탈하지 않는 선에서 저점이 만들어지고 올라오며 상승으로 추세전환이 만들어지는 것을 확인할 수 있습니다.

전고점을 돌파하면 상승출발의 시작점은 상승기점이 됩니다. 이런 기점이 깨지지 않으면 앞서 삼성전자의 흐름과 같이 상승추세가 유지된다고 보면 되겠습니다.

추세를 읽는 데 있어서 파동을 이해하고 보는 것은 매우 중요합니다. 앞서 배운 이동평균선을 활용해도 좋습니다. 다우이론을 이해하면 추세가 유지되는지 변화가 일어나는 상황인지를 알 수 있습니다. 높은 확률로 추세전환의 포인트를 확인 가능하다는 것이고, 이는 매수와 매도의 전략을 수립하는 데 있어 명확한 기준이 될 수 있습니다.

삼성전자의 차트를 예로 봤지만 코스피나 나스닥, 다우 등 각 지수에도 당연히 적용 가능합니다. 위와 같이 파동을 활용해 방향을 읽는 방법은 일봉에서뿐만 아니라 다른 시간대에서도 모두 적용됩니다. 일봉에서 이를 적용한 매매를 하게 되면 스윙매매나 더 긴 관점의 매매가 가능할 것이고, 포지션을 계속 유지할지 아니면 대응할지를 판단하는 기준이 될 것입니다. 분봉에서 이를 적용한다면 데이트레이딩이나 단기매매에 충분히 활용 가능합니다.

차트의 흐름을 크게 보시기 바랍니다. 우리는 내려오는 하락추세 그리고 박스권을 만들며 횡보하는 비추세 구간, 그 박스권을 돌파하며 이어지는 상승추세 속에서 기회를 찾아야 합니다. 바닥주를 찾아다니지 마세요. 쉬운 방법을 두고 어려운 방법을 고집하는 겁니다. 바닥주를 찾아다니면 주식 인생 바닥에서 벗어나지 못합니다. 상승추세 구간에서 어떤 접근을 해야 할까 고민해 보시기 바랍니다.

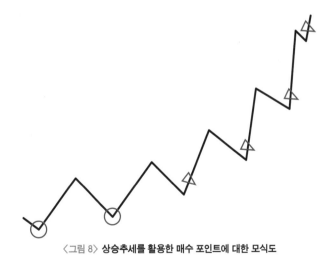

〈그림 8〉 **상승추세를 활용한 매수 포인트에 대한 모식도**

위 그림에서 보는 것처럼 저점과 고점이 높아지는 상승추세가 만들어지고, 주가조정 이후 다시 상승으로 전환하는 시점에 매수를 노리는 것이 좋습니다. 눌림에서 상승으로 전환하는 구간에 15분봉의 흐름을 일봉의 프랙탈 구조로 생각하고 추세전환의 흐름이 만들어지는 포인트를 찾아보도록 합시다.

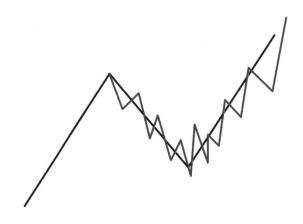

〈그림 9〉 상승추세 속에서 프랙탈 구조를 활용한 변곡점, 그리고 단타매수 타점 모식도.
검정색 라인 일봉, 빨간색 라인 15분봉

상승추세가 만들어지는 것을 확인하거나, 눌림의 저점 구간의 분봉상 박스권 돌파가 나온 것을 보고 매수 접근할 수 있습니다. 큰 흐름에서 상승추세인 종목의 주가가 내려오다 상승으로 전환하려는 지점에서 매수했다면 당연히 손절은 그 아래 변곡점이(위에서 배운 상승기점) 될 것입니다.

심플하고 강력한 이동평균선

앞서 이동평균선에 대한 이야기가 여러 번 언급되었습니다. 처음부터 차근차근 읽어오신 분이라면 이제 정배열과 역배열은 구분할 수 있을 것입니다. 이동평균선을 하나의 기준으로 삼아 그에 맞춰 매매할 수 있습니다. 이동평균선이 주가의 머리 위에 있다면 저항으로 작용하는데, 이러한 저항선 위로 주가가 올라서고 더 이상의 이동평균선 저항이 없는 구간에서 공략하는 전략을 잡아볼 수 있습니다.

강한 우상향 흐름에 놓인 종목의 경우 20일 이동평균선이 매우 중요합니다. 일시적으로 20일선을 이탈하여도 다음날, 적어도 3 거래일 이내에 회복이 나오는 경우가 좋습니다. 주가가 일시적으로 이탈하여도 5일선과 10일선이 20일선과의 이격을 좁히는 모습이 나오기 때문입니다. 상승추세의 종목들은 단기 이동평균선인 5일선, 10일선, 20일선의 수렴과 확산을 반복하며 주가는 우상향하는 것입니다. 우리가 이런 원리를 이용해서 매수의 기준을 잡는다면, 수렴 구간에서 단기 이동평균선을 돌파하며 거래가 실린 양봉이 나오는 경우가 될 수 있습니다.

〈그림 10〉 **이동평균선을 활용한 매수 포인트 거래량 증가, 수렴한 이동평균선 돌파, 전고점 돌파 위치 예시. 펩트론 2024년 3월~7월 12일 일봉 차트**

전일 혹은 평균 대비 거래대금이 크게 늘어나면서 단기 이동평균선이 수렴한 구간에서 양봉이 강하게 나오는 경우들이 있습니다. 매수의 관점으로 바라보아야 하는 타점입니다.

우상향으로 꾸준하게 상승하던 종목이 기간조정과 가격조정이 들어가는 경우 120일 이동평균선을 주가가 이탈하는 상황은 이동평균선 기준으로 상승추세가 끝났다고 보아도 무방합니다. 그러나 주가가 다시 120일선을 회복하며 상승하는 경우도 발생하는데, 그런 경우 해당 종목을 예의주시해야 합니다.

아래의 3가지 예시(그림 11, 12, 13)는 120일 이동평균선을 이탈했다가 다시 회복하고 올라선 이후 주가의 상승을 보여줍니다. 마지막 HLB글로벌의 경우 120일선 이탈 이후 주가가 다시 120일선 위로 안착하지 못하고 흘러내리는 모습을 보여줍니다.

〈그림 11〉 상승추세에 종목이 120선 이탈 이후 다시 상승하는 예시.
펩트론 2023년 5월~ 2024년 7월 일봉 차트

　　　1부 급등주·테마주 장인 이주현의 500만 원으로 매일 10만 원 버는 매매법

〈그림 12〉 상승추세에 종목이 120선 이탈 이후 다시 상승하는 예시.
제룡전기 2022년 12월~2024년 3월 26일 일봉 차트

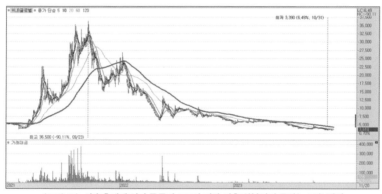

〈그림 13〉 상승추세에 있던 종목이 120선 이탈 이후 회복하지 못하는 모습 예시.
HLB글로벌 2021년 12월~2023년 11월 20일 일봉 차트

이동평균선은 지지와 저항으로 작용하는데 각 종목마다 의미 있는 이동평균선을 기준으로 잡을 수 있습니다. 20일 이동평균선을 기준으로 수렴과 발산을 반복하면서 우상향하던 종목이 어느 순간 20일선을 이탈한다면 단기 상승추세가 깨진다는 의심을 해볼 수 있습니다.

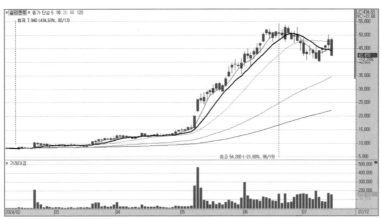

〈그림 14〉 **10일선을 기준으로 상승하는 종목 예시. 실리콘투 2024년 2월~2024년 7월 12일**

위 차트는 실리콘투라는 종목입니다. 화장품 수출과 실적 그리고 플랫폼 기업이라는 부분이 부각되며 대장주로 급등이 나왔고, 이후 10일 이동평균선을 이탈하지 않으면서 약 한 달 반가량 우상향을 보였습니다.

10일선 부근으로 주가가 수렴 시 매수나 5일 이동평균선 부근에서 매수와 매도를 꾸준히 반복할 수 있었던 종목입니다. 그런 종목이 10일선을 이탈시키며 단기 상승흐름이 깨지는 그림이 나오는 것입니다.

기업의 향후 실적 전망이 좋거나 추가적인 상승이 충분히 나올 만한 종목이라도 위와 같이 조정이 나올 수도 있습니다. 시장의 새로운 테마나 다른 섹터가 강한 흐름을 보이며 시중의 돈이 쏠리는 경우 수급 공백으로 인한 조정이 불가피합니다. 이런 현상이 나올 때는 매수하지 않고 관망하거나, 매수를 했다면 흐름의 변화로 생각하고 빠른 대응을 하는 것이 필요합니다.

트레이딩을 할 때 시장이 상승일 때와 하락일 때의 차이는 분명합니다. 시장이 조정 가능성이 높다면 비중을 줄이거나 보유 중인 종목들의 비중을 축소하는 전략이 필요합니다.

〈그림 15〉 **10일선을 지수에 접목해 베팅의 강약 조절 혹은
계좌 현금비중 확대와 축소의 기준으로 활용**

코스피 차트의 검정색 라인은 10일 이동평균선입니다. 10일선 아래에서는 방어적으로 매매 비중을 줄이고, 10일선 위로 올라서면 매매 비중을 늘리는 방식으로 계좌를 관리해 줍니다.

종목이 우상향 정배열에서는 조정 시 60일선, 120일선 부근에서 지지를 받고 상승으로 방향을 돌리는 시점을 스윙매매 관점으로 접근해볼 만합니다. 추세가 명확하게 우상향 기조를 유지하는 종목 중에서 밸류상 저평가되어 있거나 혹은 시장에서 강한 상승추세를 유지하고 있는 섹터의 종목들이 기간 조정 혹은 가격 조정 이후 시세가 나오는 경우가 많습니다.

　큰 흐름에서 일시적인 조정을 거쳐가는 경우라고 보면 됩니다. 중
장기 이동평균선을 지지하고 상승으로 전환하는 것을 기준으로 삼아
접근하고 단기 이동평균선 정배열 구간에서 접근이 가능합니다. 즉,
기본적인 펀더멘탈이 좋은 종목이 60선 혹은 120선에서 지지받고 단
기 이동평균선이 정배열로 돌아서는 구간에서 스윙 관점의 접근이 가
능하다고 보면 됩니다.

〈그림 16〉 60일선 120일선 정배열 우상향에서 60선은 스윙매수 포인트 예시.
알테오젠 2023년 12월~2024년 7월

　위 차트는 알테오젠입니다. 보시는 것처럼 우상향 추세를 꾸준히
이어오다 60일선 부근에서 주가가 수렴하고 발산하는 모습들이 나옵
니다. 기본적으로 상승하는 구간에서 보유기간을 짧게 잡으면 단타나
단기가 되고, 추세대로 보유를 조금 더 길게 하면 스윙이 된다고 생각

　1부 급등주·테마주 장인 이주현의 500만 원으로 매일 10만 원 버는 매매법

하면 됩니다.

분봉에서 파동 혹은 이동평균선의 추세적 관점을 적용해서 접근하면 짧은 매매들이 가능합니다. 결국 일봉에서의 주가흐름이나 분봉에서의 주가흐름이나 시간적 소요가 다를 뿐 매우 흡사한 흐름을 보여줍니다. 프랙탈 구조의 흐름을 이해하면 일봉에서 진입 관점의 매수 포인트가 분봉에서 단타 자리가 되는 것입니다.

기대감이 만드는 시세

기대감은 시세를 만들어냅니다. 증시에서 많은 종목이 다양한 기대감을 배경으로 상승합니다. 어떤 기대감이 있을까요? 대부분 어떤 좋은 이야기와 기업이 연관되면 그 기업 실적이 좋아질 것이라는 기대감이 있습니다. 2차전지 산업이 성장하면 소재 기업들이 미래 실적이 어쩌니 저쩌니 하면서 실제 실적이 그만큼 나오지 않은 상황이더라도 미래 실적을 선반영하며 주가는 올라갑니다. 아마도 다들 리튬이라는 키워드가 달린 기업의 경우 순식간에 10배 넘는 폭등세를 보였던 것을 기억하실 겁니다.

반도체 쪽에서는 한미반도체가 SK하이닉스에 HBM3 생산과 관련한 중요한 장비를 납품하면서 향후 글로벌 반도체 기업들에 장비를 납품할 것이라는 기대감과, AI시장이 커지면서 기존 매출처에 납품이 더욱 커질 것이라는 기대감이 작용하면서 주가는 달리기 시작합니다. 다시 말해 기업의 1년 후, 2년 후의 미래 실적을 선반영하기 시작하는 것이죠.

또 다른 기대감은 어떤 게 있을까요? 최근 정부에서 '동해 유전' 개발을 위해 대왕고래 프로젝트를 시행하고 있습니다. 우리나라도 산유국이 될 수 있다는 기대감에 해저 시추에 기술력이나 제품을 보유한 기업들이 순식간에 상한가에 들어가거나 급등세가 연출되었습니다. 매장량의 75%는 가스라는 소식에 한국석유가스처럼 만년 저평가였던 종목이 순식간에 시장 주도주로 변신하는 상황이 발생합니다. 2024년 6월 21일 정부에서 관련 프로젝트 진행을 위한 전략회의를 개최한다는 소식이 언론에 나왔습니다. 이런 종목들은 그 날짜가 다가오면 기대감에 주가상승이 나오는 경우가 많습니다. 제약·바이오 섹터는 글로벌 학회가 있는 경우 혹은 대기업의 신제품 출시일이 잡히는 경우에도 관련 밸류체인의 기업에 대한 기대감이 커지기 마련입니다.

정치영역에서는 큰 정당의 전당대회에서 당대표 선출이 있다거나, 대선이 다가오는 시점에서 그와 관련된 종목들에 대한 기대감에 상승이 나오곤 했습니다.

뒤집어 보면 기업이 아무리 실적이 좋고 저평가되어 있어도 그 기업에 대한 기대감을 불러일으킬 모멘텀이 없다면 주가는 상승하지 못한다는 것을 기억하시기 바랍니다. 주가가 아무리 싸다고 해도 결국 그 기업에 기대할 무언가가 있어야 주가는 상승한다는 것입니다. 그렇다면 내가 사고자 하는 기업에 시장은 어떤 기대감이 있는지, 이러한 기대감은 얼마나 지속될 수 있는지를 파악하고 진입해야 될 것입니다.

많이 올라서 무섭다고?

주식투자에서 객관성을 유지하면서 판단을 내리는 것은 매우 중요합니다. 흔히 주가가 바닥권에서 상승할 때 무섭다는 이야기를 많이 합니다. 그런 이야기가 나올수록 주가는 계속해서 오르는 모습을 보이는 경우가 허다합니다. 저의 단기 주력 매매는 대부분 신고가 근처이거나 신고가를 지속적으로 경신하는 종목들입니다. 이러한 종목에 대해 이야기하면 대부분의 사람들이 '너무 많이 오른 주식'이라며 놀라곤 합니다. 과연 얼마나 많이 올라야 많이 오른 걸까요? 두려움이나 불안 같은 감정적인 부분을 버리고 해당 종목이 왜 이렇게까지 오르고 있으며, 그리고 이러한 흐름이 지속될 가능성이 얼마나 있는지를 따져보면 됩니다.

시장에는 각 시기마다 항상 스토리가 있습니다. 이러한 스토리에는 대장주 또는 주도주라고 불리는 관련 섹터나 테마를 끌고가는 종목이 있습니다. 아래 차트는 이러한 종목의 주가 흐름입니다.

〈그림 17〉 **주도주의 신고가 상승에 대한 예시. 실리콘투 2022년 7월~2024년 3월 20일 일봉 차트. 바닥권인 2,000원에서 1만 원까지 약 5배가 상승한 상황.**

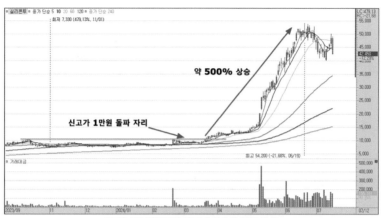

〈그림 18〉 주도주의 신고가 상승에 대한 예시.
실리콘투 2023년 9월~2024년 7월 12일 일봉 차트.

1만 원에서 500% 추가상승이 나왔군요.

〈그림 19〉 주도주의 신고가 진입에 대한 예시.
레인보우로보틱스 20021년 9월~2023년 1월 일봉 차트.

바닥에서 이미 130% 정도 오른 상태의 주가 흐름입니다.

<그림 20> 주도주의 신고가 진입 이후 상승 예시.
레인보우로보틱스 2022년 1월~2023년 9월 일봉 차트.

신고가 돌파한 4만 원에서 20만 원까지 500% 넘는 시세가 추가로 더 나왔네요.

<그림 21> 주도주의 신고가 진입 예시. 신성델타테크 2022년 10월~2023년 7월 일봉 차트.

초전도체 테마의 대장주였던 신성델타테크는 바닥권 8,000원 아래에서 신고가 진입 구간까지 80% 넘는 상승이 있었습니다. 신성델타테크 신고가 이후 얼마나 올랐는지 직접 계산해 봅시다.

〈그림 22〉 주도주의 신고가 이후 상승 예시.
신성델타테크 1만 5,100원에서 17만5,000원까지 2023년 3월~2024년 7월 일봉 차트

〈그림 23〉 주도주의 신고가 진입 이후 예시. 한미반도체 2023년 1월~2024년 7월 일봉 차트

1부 급등주·테마주 장인 이주현의 500만 원으로 매일 10만 원 버는 매매법

〈그림 24〉 주도주의 신고가 진입 예시. 한미반도체 2023년 초 2만 원대 신고가.
2022년7월~2024년 2월 일봉 차트

한미반도체는 HBM3 관련주 대장으로 우상향하며 신고가를 만들었는데 바닥대비 400% 올랐습니다. 이후 다시 신고가 경신하며 170% 이상의 상승을 보여주었습니다.

위 예시들 말고도 너무나 많은 사례가 있습니다. 지나고 보면 아무것도 아닌 것처럼 보일 수 있습니다. 상승하는 종목이 얼마까지 상승할 것인지 누구도 알 수 없으며, 하락하는 종목의 바닥은 어디인지 누구도 단정할 수 없습니다. 무서움과 두려움은 알지 못하는 것에서 비롯됩니다. 겪어보지 않은 새로운 것에 대해서는 누구든 무섭고 두려운 감정이 생기기 마련입니다.

제가 신고가로 진입하는 종목에 대해 이야기하면 댓글이나 채팅창에 이런 이야기가 달리곤 합니다. "저런 곳에서 물리면 깡통 찬다", "테마는 결국 원점으로 돌아온다". 틀린 말이 아닙니다.

그런데 왜 물릴 생각을 할까요? 예상대로 흘러가지 않으면 우리는 손절이란 것을 할 수 있는데 말이죠. 테마는 결국 출발점으로 돌아오는 거 맞습니다. 그런데 테마주인 것을 알면서 출발점에 되돌아갈 때까지 계속 보유할 생각인가요? 부정적인 얘기들이 많이 나오는 것을 보면 어느 순간 아, 이것이 시장에서 대중과 반대로 가라는 이야기인가? 하는 생각이 들었습니다.

중요한 것은 우리의 감정이 아닙니다. 우리가 화나고 우울하고 부정적이라고 해서 시장이 안타까워하며 봐주겠습니까? 시장을 감정적으로 바라보거나 접근하는 것은 수익을 내는 데 아무런 도움이 되지 않습니다. 현재 진입해야 하는 종목의 진입과 손절의 근거를 냉정하게 판단하시고 그에 따라 행동하시면 됩니다.

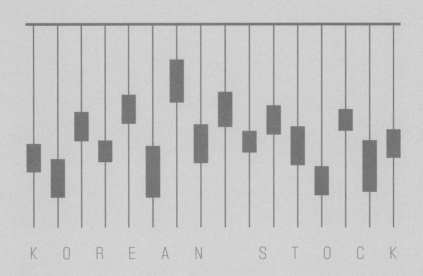

KOREAN STOCK

4장

매매전략

TRADING METHOD

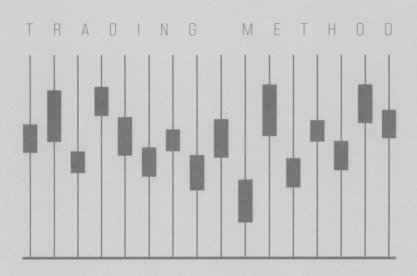

1.
자신만의 선구안을 키워라

여러분이 정글에 던져졌고 식량을 자급자족해야 하는 상황이라고 해 봅시다. 자연에서 구할 수 있는 식재료 중 어떤 것은 독을 가진 것도 있을 것입니다. 그런 것들을 구분해 내지 못하면 결국 정글에서 생존할 수 없겠죠. 주식투자도 마찬가지입니다. 가치투자든 트레이딩이든 자신만의 기준에 부합한 종목을 매매해야 합니다. 매수하기 전부터 트레이딩을 하는 것인지 투자를 하는 것인지 명확하게 접근해야 합니다.

자신이 설정한 손절의 기준 가격을 지났음에도 기업의 가치가 저평가되었다, 실적이 좋다, 이런저런 이유를 대면서 투자자로 변신하는 상황들이 발생합니다. 그렇게 한두 번 버티고 기다려서 수익이 나면 그건 독버섯을 잔뜩 먹은 것과 다르지 않습니다. 그런 나쁜 습관 때문에 결국 아주 오랜 기간 동안 비자발적 장기투자자가 되는 경우들이 허다합니다. 아니, 대부분의 실패한 개인 투자자들이 겪는 반복적인 모습입니다. 성공한 투자자들에게서 배울 점이 있다면, 반대로 실패한 투자에서도 배울 점들은 반드시 있습니다. 그것은 바로 같은 실수를 다시 하지 않기 위한 노력일 것입니다.

　이번 장에서는 여러분의 선구안을 키우는 방법을 이야기할 것입니다. 시장을 읽는 방법과 종목선정, 진입과 청산 방법까지 이야기해 보겠습니다.

2.
시장의 트렌드를 확인하라

거래대금 상위 30종목

시장은 그때그때 스토리가 있습니다. 큰 스토리로 보면 2023년 상반기는 2차전지, 하반기부터 2024년 여름인 지금까지는 AI가 시장의 주된 스토리입니다. 이런 큰 메인 스토리와 함께 시장에서는 매일매일 들려주는 이야기가 있습니다. 그 이야기에 집중하는 것이 시장의 트렌드를 읽는 방법입니다.

시장이 어떤 스토리에 집중하고 있는가를 파악하는 것은 매우 중요합니다. 시장이 주목하는 스토리에는 자금이 집중되기 마련입니다. 돈은 그냥 움직이지 않습니다. 돈이 움직일 때는 그만한 이유가 충분히 있습니다. 따라서 시장에서 어떤 종목들에 자금이 쏠리는 현상을 확인하면 그날의 스토리와 시장의 트렌드를 읽을 수 있습니다. 어떤 스토리는 짧게 생겼다 소멸하고, 어떤 것들은 그 연속성이 길게 지속되기도 합니다. 여기서 지속된다는 것은 우상향을 이어간다는 의미입니다. 대중가요가 인기가 많고 오랫동안 사랑받는 것과 같습니다. 현재 돈이 어디로 움직이고, 왜 그 돈이 그렇게 움직이는가를 생각해 보고 그런 흐름이 지속될 것인지 아닌지를 판단하는 것이 핵심입니다.

예를 들어 반도체나 전력설비가 영원히 오를 수는 없습니다. 최근에는 제약, 바이오 섹터가 금리인하 이슈를 타고 시장의 주도주로 부상했고 상승종목 상위나 거래대금 상위에 많은 수의 종목들이 포진하고 있습니다. 이런 상황에서 반도체나 전력설비가 많이 빠졌다고 해서 무작정 매수를 하면 좋은 결과가 나올 수 없습니다. 한때 인기 가요였으나 그 인기가 사그라들고 이제는 새로운 노래들이 부각될 때는 그런 트렌드를 놓치지 말아야겠습니다.

〈그림 1〉

거래대금 상위종목, 매일매일 바뀐다

각 증권사마다 거래대금 상위 종목들을 보는 기능이 있을 겁니다. 키움증권뿐만 아니라 다른 증권사에서도 확인이 가능할 것이고 MTS에서도 같은 기능을 제공합니다.

이 기능은 상승하든 하락하든 거래가 활발히 이루어지며 거래대금이 쏠린 종목들을 순서대로 보여줍니다. 따라서 최소한 이 30개 기업이 대략적으로 어떠한 섹터에 속해 있는지 어떤 이유로 움직이고 있는지를 파악해 주어야 합니다.

2024/07/12	현재가	전일대비	등락률	거래량	거래대금	시가	고가	저가	L일봉H
두산로보틱스	105,700	▲ 20,400	+23.92	15,292,160	1,552,990	95,000	109,300	92,200	
두산밥캣	54,600	▲ 2,600	+5.00	6,789,108	366,749	51,500	59,500	49,850	
유한양행	94,900	▲ 6,600	+7.47	3,637,834	338,287	88,000	96,700	88,000	
POSCO홀딩스	392,000	▲ 500	+0.13	795,560	309,576	388,500	396,500	383,000	
알테오젠	272,500	▲ 3,000	+1.11	1,111,137	301,481	265,000	281,000	264,000	
우리기술	2,875	▲ 120	+4.36	60,714,479	170,694	2,665	2,885	2,660	
셀트리온	188,800	▲ 3,000	+1.61	846,514	160,038	185,600	191,400	185,500	
펩트론	73,200	▲ 3,700	+5.32	1,989,866	145,799	68,200	76,000	68,100	
대한뉴팜	10,560	▲ 960	+10.00	13,878,155	145,561	10,220	11,300	9,320	
중앙첨단소재	12,160	▲ 1,460	+13.64	12,020,743	142,603	10,700	12,430	10,590	
에코프로	101,400	▲ 3,100	+3.15	1,319,701	131,252	97,800	101,400	97,700	
KB금융	87,000	▲ 1,600	+1.87	1,301,388	112,644	85,700	87,800	85,400	
에코프로비엠	195,700	▲ 6,700	+3.54	575,362	110,851	187,500	195,700	187,100	
한올바이오파	37,000	▲ 4,000	+12.10	3,033,539	109,962	33,600	37,500	33,600	
포스코퓨처엠	273,000	▲ 3,500	+1.30	375,278	101,387	267,500	275,000	263,500	
넥슨게임즈	18,200	▲ 40	+0.22	5,031,423	93,809	18,160	19,430	17,600	
SK이노베이션	108,100	▲ 1,000	+0.93	856,757	93,284	108,100	112,700	106,700	
한전기술	74,500	▲ 4,000	+5.67	1,077,855	78,868	69,800	74,900	69,700	
LG화학	367,500	▲ 1,000	+0.27	211,244	77,441	362,500	371,000	362,000	
대원전선	4,275	▲ 15	+0.35	17,110,121	74,825	4,525	4,545	4,225	
코오롱	17,180	▲ 1,370	+8.67	3,998,177	73,539	15,890	19,800	15,860	
삼성바이오로직스	823,000	▲ 8,000	+0.98	86,531	71,038	815,000	825,000	813,000	
서전기전	7,500	▲ 470	+6.69	8,571,391	65,451	7,030	8,200	6,660	
엔켈로보틱스	32,600	▲ 250	+0.77	1,794,076	63,115	34,050	37,300	32,600	
휴림로봇	2,615	▲ 310	+13.45	22,042,493	59,847	2,370	2,870	2,350	
대동기어	10,020	▲ 1,390	+16.11	5,834,075	59,720	8,780	10,970	8,660	
스카이문스테	11,240	▲ 2,100	+22.98	5,403,432	57,888	9,140	11,600	9,140	
에이비엘바이	27,700	▲ 1,150	+4.33	2,052,365	56,201	26,900	28,350	26,200	
리가켐바이오	80,100	▲ 1,800	+2.30	704,156	55,940	78,800	81,000	77,700	
에너토크	9,350	▲ 630	+7.22	5,796,549	54,017	8,400	9,830	8,240	

〈그림 2〉 시장 돈의 흐름을 찾는 방법. 특정일자 상승 거래대금 확인

위의 창은 특정일자 상한가 종목을 보는 창으로, 상한가 대신 상승으로 바꾸고 거래대금 순으로 바꾸면 특정일에 상승한 종목들을 거래대금 순으로 볼 수 있습니다. 상승한 종목 중에서 거래대금이 크게 터진 종목을 보는 것은 어떤 키워드로 몇 개의 종목이 움직이고 돈은 얼마나 쏠렸나를 보기 위함입니다. 이렇게 시장의 주목을 받으며 시세가 나기 전의 차트 흐름과 이후의 흐름을 계속해서 확인할 수 있고, 시장 트렌드와 함께 시장 중심의 종목들이 어떻게 진행되는지를 공부하기 좋기 때문에 매일 체크해 주어야 합니다.

위 예시인 7월 12일 상승종목 중 거래대금 상위 30개를 보면 두산그룹의 지배구조 개편에 따른 그룹주가 돈의 쏠림이 가장 강했고 유한양행, 알테오젠, 셀트리온, 펩트론, 한올바이오파마, 삼성바이오로직스, 에이비엘바이오, 리가켐바이오가 들어 있습니다. 8종목 모두 제약·바이오 회사들로 최근 금리인하 기대감에 성장섹터인 바이오 쪽으로 돈의 쏠림이 지속되는 것을 확인할 수 있습니다.

에코프로, 에코프로비엠, 포스코퓨처엠, SK이노베이션, LG화학 5개 종목이 2차전지 섹터였고 우리기술, 한전기술, 서전기전, 에너토크 4종목이 원전 키워드, 두산로보틱스, 엔젤로보틱스, 휴림로봇, 대동기어 4종목이 로봇 업종입니다.

여기서 원전은 7월 17일 체코원전 우선협상 대상자 선정 일정에 대한 기대감이 있는 상황, 로봇은 두산로보틱스 급등에 따른 업종 종목의 강세, 2차전지는 금리인하 기대감에 성장섹터 부각 등이라고 볼 수 있습니다. 이런 식으로 분류해 놓은 다음 여기서 일시적인 이벤트로 잠시 상승이 나온 것을 제외하고 일정이나 지속가능한 이슈로 인한 상승이 나오는 섹터나 테마 쪽에 있는 종목들을 선정하는 것이 성공 확률을 높일 수 있습니다.

시장에서 송배전 전력설비가 강한 흐름을 타면서 상승 중이면 그쪽 섹터에서 공략을 해야 하고, 화장품이 잘 오르고 있으면 화장품 섹터에서 공략을 이어가야 합니다. 시장의 돈이 쏠리는 중심 섹터를 찾고 그 중심에서 매매를 하기 위한 노력이 결국 승률을 높여줄 것입니다. 위와 같은 흐름을 매일 체크해서 매매일지에 반드시 기입하는 습관을 기르시기 바랍니다.

상한가 종목

거래대금 30위 종목과 함께 매일 체크해야 하는 종목 중 하나가 상한가 진입한 종목들입니다. 평균적으로 상한가 종목은 1~10개 정도 사이에서 매일 생깁니다. 시세가 가장 강한 종목들이기 때문에 어떤 이유로 상한가에 들어갔는지를 파악해서 알아두는 것이 좋습니다.

상한가 종목들은 상한가에서 거래가 잘 이루어지지 않기 때문에 거래대금 상위에 나타나는 경우는 잘 없습니다. 보통 개별 이슈에 의한 상한가인 경우도 있으나 테마가 탄생하는 경우 그 테마에서 상한가 종목이 하나 정도는 꼭 나오기 마련입니다. 그런 종목들이 대장인 경우가 대부분입니다. 매매의 대상으로 삼기 위해 미리 확인을 해두는 것이 좋습니다. 결국 상한가 종목들을 확인하는 것 역시 시장의 트렌드를 읽기 위해 필수적인 방법 중 하나라고 보면 되겠습니다.

섹터의 대장, 테마의 대장

시장에서 강한 섹터가 탄생했을 때는 그 섹터를 주도하는 종목이 나오기 마련입니다. 2024년 상반기 화장품 섹터의 질주에서는 실리콘투, 전력설비에서는 HD현대일렉트릭, 2023년 2차전지는 에코프로가, 2024년 하반기 바이오섹터는 알테오젠, 삼천당제약, 식음료는 삼양식품이 있었습니다.

테마주도 마찬가지입니다. 초전도체는 신성델타테크, 대왕고래 프로젝트는 한국가스공사 등 테마주 역시 섹터와 마찬가지로 주도하는 대장주가 있으며 2등주, 3등주가 나오게 됩니다.

섹터의 대장이 상승추세가 멈추면 상당히 조심해야 합니다. 대장의 상승세가 주춤하면 2등주나 3등주의 시세가 더 강하게 나오는 경우는 자주 일어나는데 그건 대장주의 추세가 꺾인 것은 아니기 때문입니다. 대장주의 추세가 꺾이면 섹터 전체가 조정으로 들어갈 가능성이 높아집니다. 섹터 내 종목들 중 조금 늦게 시세가 꺼지는 경우도 있으나 결국 그 종목이 강하게 치고 가지는 못합니다.

최근의 예로 화장품 섹터 실리콘투의 주가가 단기적으로 조정을 받자 화장품 섹터 후속주들이 상당히 큰 폭의 조정을 겪고 있습니다. 마찬가지로 테마주 역시 이러한 흐름으로 움직입니다. 대장주가 꺾이면 2등주 3등주의 시세는 훨씬 더 큰 조정을 보입니다. 시장에서 대장주의 흐름이 꺾이는 경우 항상 발생하는 흐름이기에 이런 현상을 반드시 이해하고 있어야 합니다.

테마주는 시세가 급등락하는 경우가 많습니다. 후속주들이 대장주의 주가 흐름을 보며 움직이기 때문에 대장주가 장중 조정을 받는 상황에는 후속주들 모두 조정을 받고 대장주가 상승으로 치고 오르면 다 함께 따라서 올라갑니다. 대장주가 VI(변동성 완화장치)나 상한가에 들어가려는 시점에 2등주의 주가가 따라 움직이는 부분을 이용해서 짧게 치고 빠지는 것을 짝짓기 매매라고 합니다. 이는 상당히 오래되었고 시장에서 테마주가 강한 날에는 여전히 먹히는 전략입니다.

1등주와 2등주가 크게 올랐고, 1등주의 상한가 가능성이 있는 상황에서 2등주와 1등주의 주가 괴리가 그다지 크지 않을 때는 3등주가 간혹 큰 시세 분출을 보여주는 경우도 있습니다. 따라서 짝짓기 매매를 위해서는 1등부터 3등까지의 주가 흐름을 함께 보시는 게 좋습니다. 항상 새로운 테마가 나오면 1~3등 정도는 관심종목에 분류해 두고 종목 메모에 어떤 테마인지 기록해 두는 것이 좋습니다. 강한 테마의 경우 한두 달 연속성을 보이는 경우가 많아 그 안에서 공략할 포인트들이 나오기 때문이죠.

테마주는 대장주를 공략하는 것이 좋습니다. 조정도 약하게 받고 반등은 강하기 때문입니다. 가끔 대장주가 바뀌는 상황들이 있습니다. 급등으로 인해 투자 주의, 투자 경고 혹은 단기과열 지정 예고 등이 붙을 경우 2등주가 다음날 대장으로 치고 나와 움직이게 됩니다. 그리고 2등주가 위와 같은 공시가 나오면 3등주가 대장으로 테마를 이끌게 됩니다. 대장이 바뀐 상황에서 기존의 대장주는 쉬어가는 흐름이 나오는 것이 자연스러운 현상이기에 상황에 맞게 대장주를 선택해야 합니다.

강한 테마가 탄생하게 되면 보통 한두 종목은 상한가에 들어갑니다. 어떤 이슈로 인해 가장 강한 종목이 상한가에 들어가면 시장 참여자들에게 이 이슈는 시장에 먹히는 아주 강력한 재료라는 인식을 주게 됩니다. 이후 후속주를 찾는 과정에서 2등주, 3등주가 탄생하고 시장에서는 연관된 다른 종목들을 더 찾게 됩니다. 이런 종목들에 매수세가 몰리면서 여러 개의 종목이 군을 이루게 되면 새로운 테마가 탄생하는 것이죠. 좋은 재료가 터지면서 돈이 관련 이슈와 연관된 기업들로 쏠리고 주가는 상한가로 들어가버립니다. 더이상 그 종목을 사지 못하니 그런 자금은 아직 상한가로 가지 않은 종목으로 몰리고, 이로 인해 2등주가 만들어집니다. 2등주가 너무 올랐다 싶으면 덜 오른 3등주와 4등주에 돈이 다시 쏠리는 현상을 테마주라고 부릅니다.

특정 테마, 즉 스토리로 인해 주가가 움직인다는 것은 나쁜 의미가 아닙니다. 이러한 현상이 왜 일어나는지 분석하고 익숙해지면 테마주들 역시 하나의 매매 관점에서 훌륭한 단기 투자처가 될 수 있는 것입니다.

이렇게 특정한 이슈로 테마가 탄생하는 시점을 아침에 보고 있다면, 시세가 가장 강한 종목들 안에서 이 이슈로 상승 중인 대장주를 찾아 높은 가격이라도 매수에 동참해볼 만합니다. 앞서 설명한 바와 같이 그 테마의 1등주일 경우 높은 확률로 상한가에 들어갈 가능성이 높으며, 내일 갭상승으로 수익을 안겨줄 수 있기 때문이죠.

대장주에 대한 상한가 기대감을 가지고 매매에 들어갈 때는 몇 가지 중요한 포인트가 있습니다.

첫째, 시장이 썩 좋지 않아야 한다는 것입니다. 장이 좋을 때는 다양한 섹터나 테마들이 돌아가며 움직이고, 수급이 크게 분산되어 골고루 오르는 경향이 있습니다. 이럴 경우 오전 일찍 상한가에 안착해도 장 마감까지 문을 굳건하게 닫고 있을 가능성이 떨어집니다. 매수

대기자들이 이 종목만이 자신에게 계속 수익을 줄 것이라는 생각에 믿고 기다릴지, 아니면 오르는 또 다른 종목들을 보면서 떠나버릴지는 불확실합니다. 아마 후자일 가능성이 높겠죠? 그만큼 기회가 다른 곳에서도 충분히 있다고 생각하기 때문입니다.

그래서 장이 적당히 좋지 않을 때 오히려 좋은 이슈가 붙은 테마가 그날 계속 강한 흐름을 유지하는 경우가 많습니다. 지금 이쪽 테마 말고는 모두가 파란불에 마이너스를 기록하거나 지지부진하면 돈이 몰리는 곳으로 계속 쏠려가는 것이죠. 그래서 장이 조금 좋지 않은 날에는 시장의 중심에 있는 테마의 대장이 상한가에 들어가 마감할 가능성이 높아집니다.

둘째, 대장주가 상한가를 가기 위해서는 강력한 러닝메이트가 필요합니다. 대장 혼자 급등해서 상한가로 갈듯 말듯하는 상황이라면 이 시점에 매우 강한 2등주가 있어야 합니다. 1등주가 대략 25~30% 정도에서 놀고 있다면 2등주가 강하게 치고 올라오며, 15~20% 정도의 시세를 분출하는 모습을 보여주어야 합니다. 2등주가 1등주 자리를 뺏을 정도로 강하게 경합이 붙을 경우 대장주는 상한가 진입 가능성이 더욱 높아집니다.

1등주가 상한가 부근에서 놀고 있으나 2등주가 시세 분출이 미미하고 상승흐름을 이어가지 못하는 상황이면 관련 테마가 약하다는 인식에 1등주를 보유한 사람들이 차익실현을 하게 됩니다. 그런 흐름들이 이어지면서 2등주는 1등주의 눈치를 살피며 더 빠지고 테마들의 힘이 빠지면서 조정을 받아버리는 상황이 발생합니다. 그래서 테마주를 공략할 때는 2등주나 후속주들로까지 불길이 번지는 모습을 꼭 확인해야 합니다. 그리고 테마 장세에서 새로운 강한 테마가 나오거나 기존의 다른 키워드의 테마가 초강세를 보이는 경우 시소게임처럼 기존의 강한 테마가 죽으면서 다른 테마가 오르는 경우들도 발생할 수 있습니다. 이런 경우 대장주가 상한가에서 일시적으로 풀리는 현상도 발생할 수 있습니다.

대장주 역시 2등주와 후발 종목들의 눈치를 살피며 움직인다는 점을 기억해야 합니다. 만약 테마의 대장주를 공략했는데 2등주, 3등주의 시세가 미흡하다면 짧게 정리한다는 관점으로 접근해야 합니다. 반면 일봉의 위치가 상한가에 들어갈 만한 자리에 있고 2등주가 강하게 치고 올라오는 상황이라면 대장주가 상한가에 들어갈 가능성이 높다고 판단할 수 있습니다.

간혹 테마 탄생 시점 서열정리가 안 된 상황에서는 2등주가 대장을 제껴버리는 상황도 발생할 수 있습니다. 1등주가 고가권에서 횡보하는 상황에서 2등주 시세가 1등주를 넘어서면 대장이 바뀌었다고 판단한 사람들이 종목 교체를 해버리는 상황도 발생합니다.

이런 상황은 자주 발생하지는 않지만, 발생 시에는 기존 대장주의 비중을 줄이거나 정리하고 바뀐 대장주의 근거를 잘 찾아보고 교체하든지 명확하지 않다면 테마의 서열이 확실해지는 시점까지 관망하는 것이 좋습니다. 바뀌는 경우는 앞서 언급한 경고성 공시가 붙는 경우도 있고, 직접적인 테마의 수혜주인 경우도 있습니다.

시장보다 강한 섹터, 시장을 이기는 종목
시장이 하락장이든 상승장이든 항상 시장보다 더 좋은 퍼포먼스를 보이는 섹터가 있기 마련입니다. 시장보다 강한, 시장을 주도하는 섹터를 우리는 주도섹터라 부르고 그 섹터를 견인하는 대장주를 주도주라고 부릅니다. 섹터의 차트를 보면서 시장보다 더 강한 섹터를 찾고 그 섹터가 강한 이유를 공부해 보고 그중 시세가 가장 강한 종목, 즉 대장주를 찾아 그 종목의 수급을 체크하면서 매매에 들어가는 것이 좋습니다. 이러한 종목들이 시장의 트렌드를 반영하는 섹터와 기업일 것입니다.

시장이 하락장일 때 특정 섹터가 상승추세라면 너무나 명확하게 그 섹터가 강세라는 것이 보입니다. 시장이 하락임에도 강하다는 것은 정말 강한 모멘텀이 있다는 것을 생각해볼 수 있지 않을까요? 이러한 섹터에는 돈이 더 쏠리는 경향이 있습니다. 사람들이 투자하기 망설여지는 시점임에도 주가가 올라가고 있다는 점에서 그만큼의 좋은 스토리가 있어 사람들의 매도 심리를 죽인다고 볼 수 있습니다.

시장의 거래대금 상위 종목들을 살펴보면 이러한 흐름을 장이 끝난 이후에도 확인할 수 있습니다. 시장이 갑자기 상승하거나 하락으로 전환하는 상황이 아니라면 기존에 돈이 쏠리고 상승추세에 있는 종목들이 지속적으로 시장의 관심을 받을 가능성이 높습니다. 따라서 시장을 아웃퍼폼하는 섹터 중에서 추세가 살아있는 섹터에서 매매를 이어가는 것이 승률을 높여주는 방법 중 하나입니다.

예를 들어 전력설비가 사이클 산업으로 글로벌 전력설비 교체주기와 맞물려서 대시세가 나오는 흐름에 AI 전력난 이야기와 맞물리면서 시세가 폭발적으로 변해 버립니다. 지수가 조정받는 시점에도 전력설비 쪽은 강한 흐름을 보여주었고 일반적인 테마들처럼 서열이 정해져 당일 가장 강한 종목을 추종하며 주가가 상승하는 모습을 보였습니다. 시세의 변동성과 상승의 지속성이 다를 뿐이지, 실적에 기반해서 하나의 섹터가 상승하거나 테마가 탄생하는 것과 근본적인 부분을 따져보면 별반 다르지 않다는 것입니다.

중요한 것은 시장의 중심에 있는, 시장보다 강한 흐름에 놓인 종목을 선정해서 매매가 되었든 투자가 되었든 매수의 근거에 맞게 접근하고 대응하는 것이 좋습니다. 상승기류에 놓인 곳에서 관심을 두고 왜 그러한 흐름이 만들어지는지 근거를 살펴보고 접근하는 것이 좋습니다.

TIP 인류의 삶을 바꿀 수 있는 큰 스토리가 하나씩 나옵니다. 그런 큰 테마는 오래 가고 여러 산업군에 영향을 미치는데, 2023년부터 지금 여전히 진행 중인 메가트렌드는 AI(인공지능)입니다. 2023년부터 달려왔으니 증시에서는 조금 쉬어갈 수도 있겠군요. 인공지능이 인류를 변화시킬 것이라는 테마가 시장을 한동안 주도했었고 그 안에서 반도체, 전력설비, 냉방공조, 유리기판, 원전, 의료 등 다양하게 파생되었습니다. 우리는 이런 시대적 트렌드에서 파생되는 테마에 항상 집중해야 할 것입니다.

3.

단기 종목
선정

변동성이 강한 종목

트레이딩에서 가장 중요한 종목 선정에 필요한 부분들을 알아봅시다.
단기적으로 접근하는 종목들은 최근에 강한 모멘텀을 보이는 종목들
을 우선적으로 고려해야 합니다. 단기 종목을 선정할 때 강한 종목을
선택해야 하는 이유는 변동성에 있습니다. 강한 모멘텀에는 강한 변
동성이 따라오기 마련입니다. 이러한 변동성에서 저점 매수를 노리거
나 돌파를 시도해야 합니다.

　주가가 평소 3~5%의 변동성을 가진 종목에서 3%의 수익을 내는
것과 20% 이상의 변동이 나오는 종목에서 3%의 수익을 내는 것 중
어떤 쪽이 더 확률이 높을까요? 큰 변동성은 기회가 크다는 관점으로
볼 수 있습니다. 평소 변동성이 없던 종목이 갑자기 변동성이 커지기
를 바라며 그런 종목을 지켜보는 데 시간을 낭비하기보다, 평소 변동
성이 크고 강한 종목에서 변동성이 지속적으로 나올 가능성을 놓고

보는 것이 중요합니다. 과거에 시세가 대단했던 종목이 다시 시세를 분출할 때 그 가능성이 훨씬 높다는 점을 기억해 두시기 바랍니다.

■ 시세를 내줄 변동성이 강한 종목
• 전일 혹은 전전일 상한가 들어간 종목 중에서 테마의 대장
• 시장의 주도섹터 내에서 주도주
• 거래대금 상위 종목 중에서 신고가 흐름에 있는 종목
• 1,000억 이상의 거래대금이 터진 종목이 박스권을 형성하고 돌파할 때
★ **주의사항** : 거래대금이 매우 적으면서(100~300억) 시세만 변동성이 큰
　　　　　　 종목은 걸러야 합니다.

전날 미국증시 섹터와 이슈

단기종목 선정을 위해서는 주가가 가까운 시일 내에 상승할 수 있는 근거가 있어야 합니다. 매수세가 몰릴 만한 근거 있는 재료에 집중해야 합니다. 앞서 언급한 거래대금 상위 30개 종목의 매수세가 몰리는 근거를 꾸준히 파악하는 것은 바로 이런 재료에 집중하기 위해서입니다.

특히 간밤의 미국증시 흐름은 국내증시에 그대로 영향을 미칩니다. 세계 최강국인 미국에 전 세계 자금이 쏠리는 만큼 한국증시에도 영향을 미치는 것은 당연한 것이겠죠. 미국증시에서 어떤 테마가 시장을 주도하고 있는지를 파악하는 것은 매우 중요한 포인트입니다. 최근 미국증시에서 AI 관련 반도체 섹터가 강세를 보이면서 국내에서는 HBM3를 생산하고 납품하는 SK하이닉스가 초강세를 보였습니다. 미국 정부가 중국의 태양광 패널 덤핑을 막는다는 소식에 태양광 관련

주들이 강세로 마감했다면, 국내증시에서도 마찬가지로 관련 섹터들이 강세를 보이는 경우가 자주 발생합니다. 미국장의 제약·바이오 섹터가 강세를 보이면 국내증시에 관련성이 있는 섹터나 종목들이 강한 흐름을 보이고 있습니다.

미국증시가 상승인지 하락인지, 어떤 테마가 그날에 있었는지를 알고 모르고는 전쟁터에서 상대방은 알고 있는 정보를 나는 모르고 전투에 임하는 것과 같다고 보아야 합니다. 매일 이렇게 트레이딩 아이디어가 미국장에서 나오지 않더라도 미국증시에서 인기 있던 키워드와 관련 있는 모든 기업들을 분류해 두는 것은 반드시 필요한 작업입니다.

주요 일정이 있는 재료

일정이 잡힌 재료는 꼭 파악해 둡시다. 글로벌 규모의 큰 바이오 콘퍼런스나 글로벌기업의 신제품 언팩(출시)행사 일정, 신약의 FDA 임상 3상 승인, 국제적인 규모의 수주 결과 발표일, G20, NATO 등의 정상회담 일정, 국내외 선거 일정 등 주가가 기대감에 움직일 만한 이벤트가 명확한 기일이 잡혀 있다면 트레이딩에 매우 유용하게 활용할 수 있습니다.

예를 들어 초전도체 테마를 보면 2024년 3월 4일 미국물리학회APS에서 상온상압 초전도체라는 물질 'PCPOSOS' 연구결과를 발표한다고 했고, 이런 일정이 잡힌 이후 주가는 다시 상승랠리를 펼치면서 3배가 급등해 버렸습니다.

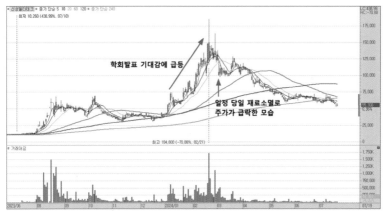

〈그림 3〉 일정주 차트 흐름 예시. 신성델타테크 2023년 6월~2024년 7월 일봉 차트

일정주는 일정 당일까지 움직임이 나오는 경우도 있으나 보통 그 일정 전에 시세가 크게 나오고 소멸하는 경우가 대부분입니다.

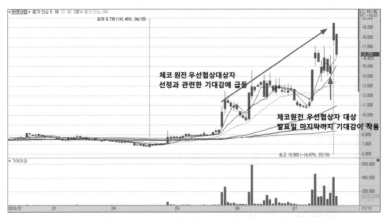

〈그림 4〉 일정주 차트 흐름 예시. 한전산업 2024년 2월~2024년 7월 일봉 차트

체코 원전 30조 우선협상 대상자 선정이 7월 중순으로 잡히면서 시세가 터지기 시작해서 발표일 이후 갭상승까지 나왔으나 재료 소멸로 급락했습니다. 결국 일정이 잡히는 종목은 그 일정이 다가오는 기대감에 상승이 나오고 재료가 현실이 되는 시점에서는 급락하는 공식을 가지고 있다는 것을 위 사례로 확인할 수 있습니다.

그렇다면 이러한 일정이 잡히고 시장에서 기대감을 갖는 테마나 종목들을 매매 관점으로 꾸준히 팔로우하며 적당한 매수 타이밍에서 공략하는 것이 중요합니다.

〈그림 5〉 일정주 차트 흐름 예시. HLB 2023년 9월~2024년 5월 일봉 차트

HLB 역시 간암 신약에 대한 임상 3상 결과 미 FDA 통과 일정이 잡혔고, 그 일정 전까지 주가가 가파르게 우상향하다 일정 당일 기대했던 결과가 아니었기에 급락했습니다. 아마도 기대했던 결과가 나왔

다면 갭상승 이후 흘러내린 한전산업 같은 결과가 되었을 것입니다.

원전주도 HLB도 결과가 어떻게 나올지 모르는 일정인 경우, 한쪽으로 확신을 갖고 종목을 보유하는 것은 도박과 같습니다. 5대 5 동전 던지기와 같은 모 아니면 도가 되는 상황에서 좋은 결과만을 기대하고 보유했다가 낭패를 당하는 경우는 수도 없이 보아왔습니다.

일정이 잡혔다는 기대감에 이미 주가는 크게 상승했기 때문에 일정 당일에는 재료가 소멸한다는 것을 꼭 기억하시고 일정까지 기대감에 상승이 나오는 부분을 공략해야 합니다. 일정이 되어서 매수하거나 일정 당일까지 일정주를 보유하는 우를 범하면 안 됩니다. 일정주는 일정 전에 매도가 기본 원칙임을 기억하시기 바랍니다.

저항 부근의 종목

저항 부근에 있는 종목은 저항을 맞고 조정이 나오든지, 저항을 돌파하고 시세가 터지든지 두 가지 주가 흐름이 나올 수 있습니다. 압력이 가득 찬 곳에 구멍이 뚫리면 그 압력이 뚫린 구멍으로 순식간에 터져 나오는 것처럼, 주가가 저항에 갇혀 있다가 돌파하게 되면 폭발적인 시세를 분출하는 경우가 자주 발생합니다.

그럼 여기서 어떤 저항들이 있는지 살펴보겠습니다.

첫째, 가격저항은 라운드 피겨 즉 1,000원, 1만 원, 10만 원 등 0으로 떨어지는 가격대를 기준으로 발생합니다. 이런 가격대는 주가가 상승할 때는 저항으로, 주가가 하락할 때는 지지라인으로 작용합니다.

둘째, 지지저항은 기존에 주가가 하락하다가 특정 가격대에서 지지를 받은 구간이 주가가 하락했다 다시 올라올 때는 저항으로 작용하는 것을 말합니다.

셋째, 이동평균선이 주가 위에 있는 경우에는 저항으로 작용합니다.

넷째, 추세저항은 파동의 고점 혹은 저점끼리 연결한 선이 저항으로 작용하는 것을 말합니다.

마지막으로, 매물대저항은 많은 거래가 이루어진 특정 주가가 저항으로 작용하는 것을 말합니다. 이는 상한가로 마감한 가격이나 대량의 거래량이 터진 가격 구간이 해당됩니다. 또한 갭상승 이후 대량의 거래량을 동반한 장대음봉의 시가 역시 매물저항 자리입니다.

주가는 이러한 저항을 돌파할 때 강한 시세 분출이 일어나는 경향이 있습니다. 이런 구간들이 저항선이라는 것을 알고 매도하고자 하는 사람들이 있고, 그런 매도세가 소멸되는 시점에서는 강한 매수세로 인해 시세가 강하게 분출될 수 있습니다. 저항 자리 위로 주가가 상승하면 매수가 매도를 이겼다는 판단으로, 당초 매수에 동참하지 않던 신규 매수세까지 매수에 동참하는 경향이 있기 때문입니다.

52주 신고가로 진입하는 주가는 1년간 가장 높은 위치의 주가입니다. 이런 상승이 나오는 종목들은 대다수 참여자들이 수익 구간에 있는 상황이라 매도 심리가 매우 약하기 때문에 주가상승 가능성이 높습니다. 저항 중에서도 신고가로 들어가는 구간의 저항을 돌파하는 종목들이나 돌파 시도가 나올 만한 종목들을 관심권에 두어야 합니다. 신고가로 들어가며 꾸준히 상승추세를 만들어가는 종목들의 사례를 보셨을 겁니다.

돌파가 이루어지는 구간에서 시세 분출이 크게 나오는 것을 활용한 단기매매도 가능하고, 추세적 상승을 이어가는 종목이라면 스윙매매로 더 큰 수익을 노릴 수도 있습니다.

　장기 박스권에서 주가가 움직인 경우 그 박스권의 상단을 돌파하면 상당히 강한 시세 분출이 일어나는 경우가 많습니다. 특히 긴 시간 동안 바닥에서 형성된 박스권을 돌파한다든지, 장기 하락 채널을 상방으로 돌파하는 경우 역시 저항을 돌파한 종목으로 보고 매매종목 선정이 가능합니다.

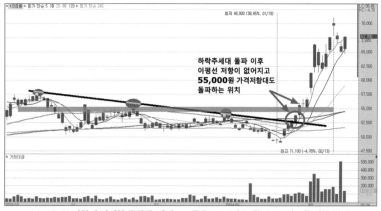

〈그림 6〉 저항에 위치한 종목들 예시. KB금융 2023년 10월~2024년 2월 일봉 차트

　KB금융 사례입니다. 하락추세선 저항을 돌파하고 이동평균선 저항과 가격저항까지 벗겨내는 흐름이 만들어진 이후 주가는 급등하는 모습을 보여줍니다.

<그림 7> 저항에 위치한 종목들 예시. 신성델타테크 2023년 7월~2024년 1월 일봉 차트.

위의 예시는 저항 돌파와 모든 이동평균선 저항을 벗겨내는 위치
를 보여줍니다.

시초가와 역상을 주목하라

시초가는 장을 시작하는 오전 9시에 형성되는 가격을 말합니다. 이러
한 시초가가 어디서 출발하는지는 매우 중요한 포인트가 됩니다. 아
침부터 매수세가 강하게 붙은 종목은 상승출발할 가능성이 높습니
다. 시초가를 높게 형성하기 때문이죠. 반대의 경우는 하락해서 낮게
출발합니다.

매수가 매도보다 많을 경우 동시호가에서 상승출발하는데 아침부
터 그 종목의 매수세가 강한지, 매도세가 강한지를 확인 가능한 것이
시초가격이라고 할 수 있습니다. 기본적으로 상승출발한 종목은 상
승이 나오거나 상승 마감하는 경우가 많으며 하락 출발한 종목은 하

락 마감하는 경우가 많습니다.

역상逆上이란 내리던 주가가 역전되어 거슬러 올라가는 모습을 말합니다. 전날 매도세가 강해 음봉으로 마감했다면 그런 흐름이 다음 날도 이어지는 것이 자연스럽지만, 어제까지의 모습과 정반대로 시초가부터 강한 상승이 붙으며 어제 종가보다 높은 가격에서 출발하는 것을 역상이라고 합니다. 강한 상승추세에 있던 종목이 음봉으로 큰 조정을 받고서 다음날 역상이 나오는 경우 강한 상승세가 나오는 경우가 많습니다.

강한 모멘텀을 타고 시장에서 큰 인기를 누리며 상승하던 종목이 음봉으로 마감하고 다음 날 역상이 발생하는 경우 그 종목은 데이트 레이딩 관점에서 접근해볼 만합니다.

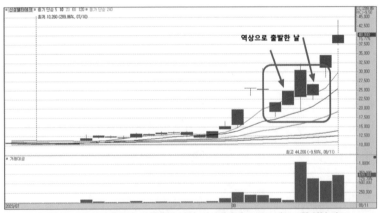

〈그림 8〉 시초가의 중요성, 역상 출발 예시. 신성멜타테크 2023년 7~8월 일봉 차트

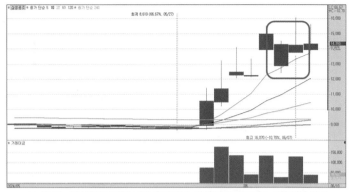

⟨그림 9⟩ 시초가의 중요성, 역상 출발 예시. 삼성공조 2024년 5~6월 일봉 차트

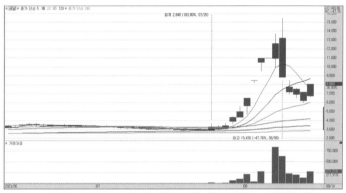

⟨그림 10⟩ 시초가의 중요성, 역상 출발 예시. 서남 2023년 6~8월 일봉 차트

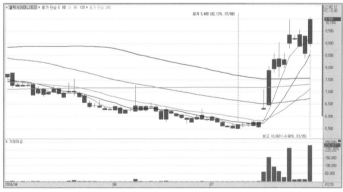

⟨그림 11⟩ 시초가의 중요성, 역상 출발 예시. 갤럭시아머니트리 2024년 4~7월 일봉 차트

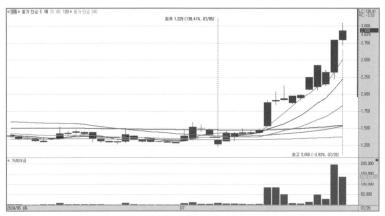

〈그림 12〉 **시초가의 중요성, 역상 출발 예시. SG 2024년 5~7월 일봉 차트**

이렇게 시초가가 상승출발하는 종목을 장 시작과 함께 파악하기 위해서는 조건 검색식을 사용하는 것도 하나의 방법입니다. 최근 거래대금이 평균 1,000억 원 이상인 종목에 전일 종가대비 시가 상승출발이라는 조건을 세팅해두거나, 예상체결등락률 상위를 동시호가에서 보면 쉽게 찾을 수 있습니다. 이는 단기나 데이트레이딩으로 괜찮은 접근 방법입니다.

시가를 상승출발시킨다고 무조건 상승이 나오는 것은 아닙니다. 상승확률이 높다고 본 종목이 분봉상에 저항 자리나 단기 추세 상단, 전일 시가 또는 고가를 돌파하는 등 좋은 흐름을 보이는 경우에만 접근해야 합니다.

시가 상승출발을 보고 그날 시세가 분출하는 자리인지를 판단하기까지는 시장에 대한 경험치가 많이 필요합니다. 따라서 어떤 재료를 가진 종목이 장 초반 역상이 나오고 시세를 분출하는지, 일봉차트 어떤 구간에서 그러한 흐름들이 나오는지를 꾸준히 관찰하면서 경험치를 쌓으시기 바랍니다.

그날 시장의 돈의 흐름을 파악하는 몇 가지 툴

당일 장중에 거래대금이 쏠리는 섹터와 강한 종목을 파악하고, 그러한 섹터에서 매매를 이어가는 것은 승률을 높이는 방법입니다. 물론 장중 특정 테마나 섹터가 일시적으로 움직이다가 다른 섹터나 테마로 돈이 이동하는 경우도 많기 때문에 말처럼 쉽지는 않습니다. 그러나 현재 돈이 어디로 흘러가고 어디서 돌고 있는지를 파악해야 합니다.

특정 섹터가 꾸준히 강한 상승을 이어간다면 주도섹터나 종목이 될 가능성이 높습니다. 그런 종목에서 매매를 노려볼 수 있습니다. 이를 파악하기 위해 저는 HTS에서 몇 가지 툴을 사용하고 있으며, MTS에도 이러한 기능들이 있으니 활용해 보시기 바랍니다.

① 거래대금 상위 ② 순간 체결량 ③ 실시간 종목 조회 순위 ④ 전일대비 등락률 상위

키움증권 기준이긴 하지만 다른 증권사들도 비슷한 기능들을 보유하고 있습니다. 사용 중인 증권사 고객센터에 문의하시면 친절히 알려드릴 겁니다.

〈그림 13〉 키움증권 실시간 종목 조회 순위 창

〈그림 14〉 전일대비 등락률상위 창

1부 급등주·테마주 장인 이주현의 500만 원으로 매일 10만 원 버는 매매법

순위	전일	종목명	현재가	전일대비	등락률	매도호가	매수호가	거래량	전일거래량	거래대금
1	1	SK하이닉스	191,800 ▲	1,800	+0.95	191,900	191,800	8,769,107	12,503,762	1,670,363
2	2	삼성전자	80,900 ▲	500	+0.62	80,900	80,800	14,508,334	20,323,811	1,171,302
3	16	현대차	243,500 ▼	8,000	-3.18	243,500	243,000	2,662,741	832,753	639,722
4	37	삼성중공업	11,870 ▲	920	+8.40	11,880	11,870	42,712,575	11,020,100	503,758
5	4	LS ELECTRIC	200,500 ▼	15,000	-6.96	201,000	200,500	1,332,596	2,303,383	281,219
6	11	HD현대일렉트릭	320,000 ▼	14,500	-4.33	320,000	319,500	748,272	865,904	249,170
7	23	현대로템	47,750 ▲	3,950	+9.02	47,800	47,750	5,365,591	3,836,729	248,334
8	271	걸럭시아머니트	9,980 ▲	1,390	+16.18	9,980	9,970	24,006,784	1,503,306	232,117
9	195	우리금융지주	16,180 ▲	1,650	+11.36	16,180	16,170	14,562,584	1,397,398	228,070
10	25	삼성바이오로직	915,000 ▲	44,000	+5.05	915,000	913,000	249,017	190,763	226,306
11	9	알테오젠	283,500 ▲	8,000	+2.90	283,500	283,000	788,442	1,381,700	224,785
12	27	HD한국조선해양	198,800 ▲	15,000	+8.16	198,900	198,800	1,098,426	875,455	218,480
13	52	HD현대중공업	207,500 ▲	30,000	+16.90	207,500	207,000	1,077,171	499,649	214,368
14	6	셀트리온	200,000 ▲	400	+0.40	200,500	200,000	1,041,632	2,161,673	209,508
15	77	동방	3,675 ▲	600	+19.51	3,675	3,670	58,598,472	19,256,399	205,530

〈그림 15〉 **거래대금상위 창**

　기본적으로 국내증시가 조정을 받거나 하락하는 상황에서는 상승 종목 수가 전체 종목 수의 10% 정도로 적은 수가 움직이는 경우가 자주 발생하며, 이로 인해 특정한 테마나 섹터로의 수급 쏠림이 나오게 됩니다. 시장이 좋지 않아 사람들이 매수를 꺼리거나 관망 심리가 강한 상황에서도 시세가 강하다는 것은 매우 긍정적인 신호로 볼 수 있습니다.

　상승하는 종목이 몇 없기에 시장에서 쉽게 사람들에게 발견되며 그런 종목들로 매수세가 쏠리는 것입니다. 시장이 장중 반등하지 않는 상황에서는 장 초반에 형성된 강한 섹터나 테마가 시장이 끝나는 시점까지 이어지는 특징이 있습니다. 이런 부분을 매매에 활용한다면 승률을 높일 수 있습니다. 내리던 시장이 강하게 반등을 시작하면 다양한 종목들이 조정을 마무리하고 상승합니다. 한쪽에 쏠렸던 수급이 여러 좋은 섹터나 낙폭이 과했던 종목, 시장 눈치를 보며 오르지 못했던 종목들로 분산됩니다. 오를 종목이 많기에 시세가 어느 정도 나오면 같은 군의 섹터나 다른 종목들로 수급이 이동하며 당일 시세의 연속성이 떨어지는 상황이 발생하기 때문에, 데이트레이딩을 하는 사람들에게 오히려 쉽지 않은 상황이라고 하겠습니다.

- **시장 약세** ⇒ 테마주나 특정 섹터의 수급 쏠림 현상이 발생하며 당일 시세의 연속성이 유지됨.
- **시장 강세** ⇒ 수급 분산으로 여러 종목이 상승하며 당일 시세의 연속성이 떨어짐.

시장에서 최근 우상향하며 강한 모멘텀을 보유하고 있는 섹터나 테마들에서 당일 돈이 쏠리는 곳을 공략하는 것이 승률을 높여줄 수 있습니다. 항상 돈이 움직이는 시장의 중심에 있도록 해야 합니다.

거지 종목은 보지 마라

거지 종목이란 기업의 펀더멘탈을 이야기하는 것이 아닙니다. 하루 평균 거래대금이 100억 원도 나오지 않는 그런 종목을 이야기하는 것입니다. 거래대금은 시장에서 사람들에게 얼마나 많은 관심을 받고 있는지를 이야기합니다. 관심이 있다는 것은 그에 합당한 재료가 있는 것입니다.

그런데 거래대금이 하루에 몇천만 원, 1억도 안 되는 그런 종목들을 매수하고는 어떻게 해야 하는지 물어보는 사람들이 있습니다. 기본적으로 거래대금이 적은 종목은 시장 소외주로 보아야 하며 이런 종목이 갑자기 거래가 붙으며 상승하는 것을 기다리는 것은 단기매매에 어울리지 않습니다.

저는 거래대금이 없기 때문에 이런 종목들을 거지 종목이라 부르고 있습니다. 거지 종목은 특정한 한두 명의 큰손이 매수나 매도하는 경우 주가가 급변할 수 있습니다. 평소 거지 종목들이 일순간 거래대금을 터뜨리며 시세를 분출하는 경우 재료가 대단히 좋지 않다면 윗꼬리를 달고 밀려버리는 경우들이 허다합니다. 특히 역배열 종목에서 그런 모습이 나오는 경우는 더욱 조심해야 합니다.

거지 종목이 왕자로 변신하는 경우도 있습니다. 테마에 올라타는 경우인데 일평균 거래대금이 100억 원도 안 되던 종목이 갑자기 거래가 터지는 상황에서는 매매보다 그냥 관심권에 넣어두고 어떠한 재료로 거래가 터졌는지를 먼저 관찰해야 합니다. 물론 장 막판까지 1,000억 원도 안 되는 거래대금이라면 굳이 그 종목에 시간을 낭비할 이유는 없습니다. 좋은 재료라면 분명 상당한 거래대금이 붙기 마련입니다.

시세가 강한 종목에서 단기매매를 하는 것이 맞지만, 평소 거래대금 없는 종목이 뜬금없이 급등하는 것을 피하는 것만으로도 급등하는 종목을 매매하다 문제가 생기는 상황을 확연히 줄일 수 있을 것입니다.

4.
단기 진입
방법

돌파와 눌림

기간과 상관없이 주식을 매수하는 방법은 이런저런 다양한 기법을 언급하지만 결국 '돌파'와 '눌림' 두 가지로 분류됩니다. 하지만 돌파와 눌림은 완전히 다른 것이 아니라 연결된 흐름 속에서 만들어지는 매매 방식이라고 생각하는 게 좋습니다. 결국 주가가 상승하기 위해서는 특정한 저항대를 돌파하고 가야 하며 이러한 돌파가 나오면 눌림은 필연적으로 따라옵니다.

　어떤 호재로 주가가 강한 상승을 보이는 경우 저항 자리가 있다면 그러한 저항을 인식하고 있는 투자자들은 차익실현을 가져가려고 할 것입니다. 그런 차익실현이 발생하면서 주가는 하락하는데, 이후 다시 매수세가 매도세보다 강해지며 상승이 나오는 경우 눌림이 나왔다고 할 수 있습니다. 즉, 눌림매매는 강한 모멘텀으로 상승 중인 종목이 일시적인 차익실현으로 인해 주가가 잠시 조정을 거쳤다 오르는 것을 이야기합니다. 눌림에서는 깊은 눌림도 있으나 하루나 이틀 정도 눌렸다 상승하는 경우도 있습니다. 이런 눌림은 항상 거래량을 동반한 돌파봉 이후에 나오며, 돌파 때 만들어진 거래대금보다 줄어든 거래대금을 보여주어야 합니다.

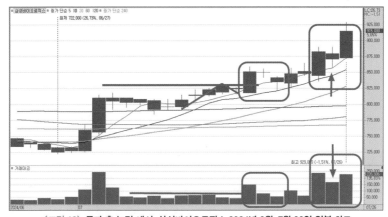

〈그림 16〉 돌파 후 눌림 예시. 삼성바이오로직스 2024년 6월~7월 26일 일봉 차트

위 그림은 삼성바이오로직스로 2024년 7월 초 1조 4,000억 원의 수주 공시를 내면서 상승추세를 타기 시작했습니다. 미국의 중국 바이오 CMO 사업 규제를 위한 생물보안법 관련 이슈가 그 전부터 계속 나오고 있었으며, 7월 들어 제약·바이오 섹터가 강세를 보이기 시작한 시점과 맞물린 시점에서 단기 이동평균선 정배열로 상승추세를 이어가는 모습입니다.

위 예시(그림 16)에서 저항을 돌파한 양봉과 거래대금 증가 이후 2

거래일 정도를 음봉으로 쉬었으며, 쉬는 구간에서의 거래대금은 줄어
드는 모습을 보였습니다. 그리고 저항을 돌파하며 다시 한번 양봉과
거래대금이 터지고 이후 화살표가 있는 음봉이 쉬어가는 5일선 눌림
입니다. 돌파한 다음 날보다 거래대금이 줄어 있는 것을 확인할 수 있
습니다.

그렇다면 이런 구간에서의 매수 시점을 분봉으로 확인해 봅시다.
돌파에서는 저항 자리를 뚫어낼 때 사는 것이고, 눌림에서는 지지라
인 부근에서 상승으로 돌리는 시점에 매수해야 합니다.

〈그림 17〉 돌파 후 눌림 예시. 삼성바이오로직스 7월 1~26일 15분봉 차트

삼성바이오로직스 15분봉입니다. 15분봉에서 추세와 지지저항을
확인하고 5분이나 1분봉에서 타점을 정교하게 잡아야 합니다.

1번은 눌림에서 지지구간의 주가하락이 멈추고 상승으로 돌린 부

분이며 2번은 저항 자리를 돌파하는 위치입니다. 일봉에서도 분봉에서도 마찬가지인데 돌파 이후 눌림이 나오는 구간의 지지라인에서 주가가 더 빠지지 않고 상승으로 전환하는 것을 확인하고 매수합니다. 저점자리를 이탈하면 손절합니다.

〈그림 18〉 **눌림매매 설명 모식도**

기본 원리는 상승추세의 종목에서 눌림 이후 다시 주가가 상승하려는 구간에서 매수를 노리는 것입니다. 15분봉이나 5분봉의 지지대 부근에서 상승하려는 시점을 매수 포인트로 삼고, 그 저점을 이탈하는(빨간선) 구간이 손절라인이 됩니다. 이것이 눌림매매입니다.

돌파는 전고점이나 추세저항, 박스권 상단을 돌파할 때 매수합니다. 작은 시간 단위에서도 돌파 후 눌림이 짧게 나오는 경우가 있기 때문에 이런 눌림 이후 다시 돌파하는 구간에서 공략하는 것이 좋습니다.

〈그림 19〉 저항 돌파 후 눌림 이후 타점 예시. 삼성바이오로직스 7월 24~26일 1분봉 차트

위 그림은 삼성바이오로직스 1분봉 차트로, 저항 돌파 후 눌림 그리고 재돌파 모습을 보여주고 있습니다.

아래 그림은 화성밸브 1분봉 차트입니다. 대왕고래 프로젝트 관련 주로 일봉이 신고가 흐름 속에 있고 거래대금이 1,700억 이상 터지는

〈그림 20〉 저항 돌파 후 눌림 그리고 재돌파. 돌파매매 포인트 예시. 화성밸브 7월 23일 1분봉 차트

모습을 보여주는 강한 종목이었습니다. 눌리고 돌리는 시점에 매수는 눌림매매가 될 것이고, 전고점 돌파에서 매수는 돌파매매가 됩니다. 이 예시는 매우 짧은 매매 방법인데 상승 중 작은 베이스캠프(박스권)를 만드는 구간을 돌파할 때 매수한다면, 그 박스권 하단이 깨지는 시점에서는 손절해야 합니다. 매우 심플한 전략이지만 최근 시장 중심의 종목이나 신고가 영역에서 강한 거래대금을 동반하며 상승하는 종목들에 적용하면 강력한 무기가 될 수 있는 매매 방식입니다.

보시는 것처럼(그림 19, 20) 1분봉에서도 상승추세를 만들어서 쭉 오르는 종목이 더이상 고점을 경신하지 못하고 20선이 깨지면서 추세가 무너지게 됩니다. 일봉에서의 흐름과 프랙탈 구조로 분봉에서도 똑같이 차트를 해석할 수 있는 포인트기에 말씀드리고 넘어가봅니다.

아래에(그림 21) 돌파 후 눌림이, 그리고 상승이 일봉에서 나오는 예시까지 참고하시기 바랍니다.

〈그림 21〉 돌파 후 눌림. 일봉과 분봉에서 같은 원리가 다른 시간대에서 공존하는 예시.
삼천당제약 2024년 1~7월 일봉 차트

삼천당제약의 일봉 차트를 살펴보면, 저항 돌파 후 눌림 그리고 재돌파하는 모습이 나타납니다. 1분봉에서의 예시와 똑같은 흐름 아닌가요? 1분봉에서의 흐름은 당일 단타를 노리거나 다음날 시세 분출을 노리는 것이라면 일봉에서의 이런 흐름은 더 큰 파동을 포착할 수 있습니다. 현재 추세가 상승이니 추세를 추종하는 매매인데요, 눌림에서 상승으로 가는 길목에서 매수할 수 있습니다.

아무튼 지금은 돌파 후 눌림과 재돌파 흐름에 대한 내용입니다. 프랙탈 구조로 월, 주, 일, 분 모든 차트의 흐름을 동일한 방식으로 해석하고 접근이 가능합니다. 다만 시간적인 기준이 다르다는 것을 기억하기 바랍니다.

화성밸브 1분봉 차트(그림 22)를 살펴보면, 22일에 횡보하던 구간을 23일에 깨고 내렸기 때문에 주가가 상승할 때는 저항이 됩니다. 그러나 저항을 돌파한 이후에는 이 저항 자리는 지지로 전환되며, 그런 지지 구간에서 주가가 지지를 받고 상승으로 전환되는 모습을 우리는 '눌림'이라고 부릅니다. 그림의 초록색 박스 구간은 지지를 받고 상승하는 모습이므로 이 구간에서 매수 접근이 가능합니다.

그 다음 예시(그림 23)는 HD 한국조선해양의 5분봉 차트로, 2~3 거래일 저항이 만들어진 19만 원대를 갭상승으로 돌파하는 모습입니다. 그 전날 음봉으로 조정이 나왔으나 역상으로 저항 자리를 돌파로 출발하는 모습입니다. 여기서 프로그램 순매수가 아침부터 꾸준히 들어오는지 보면서 시세를 좀 더 길게 먹을 수 있습니다. 시가 갭상승 종목이 저항을 돌파하며 출발할 때 시초가 공략이 가능합니다. 시초가 돌파매매는 매수 직후 바로 시세가 나지 않고 하락할 경우 -2%에서 바로 손절하는 것이 좋습니다.

　오성첨단소재 일봉과 1분봉 차트(그림 24, 25)를 보면, 미 대선 관련 주로 엮이면서 강한 상승흐름을 타고 있는 종목으로 시초가부터 저항을 돌파하는 위치에서 출발합니다. 이 가격은 일봉에서 지난 고점 가

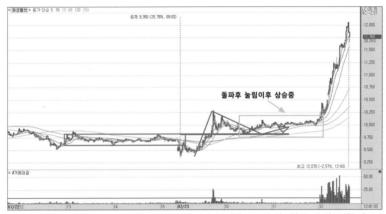

〈그림 22〉 상승추세에서 돌파 후 눌림의 원리 예시. 화성밸브 2024년 7월22~23일 1분봉 차트

〈그림 23〉 시초가 매매의 예시. 일봉에서 역상을 보고 분봉에서 저항 돌파 위치를 보고 공략.
HD 한국조선해양 2024년 7월 23~26일 5분봉 차트

격대이기도 하며 돌파 시 신고가로 들어가는 위치입니다. 시초가 공략으로 -2% 손절을 잡고 공략이 가능합니다.

〈그림 24〉 시초가 공략의 예시. 일봉 저항 돌파 위치 활용.
오성첨단소재 2023년 8월~2024년 7월 일봉 차트

〈그림 25〉 시초가 공략의 예시. 분봉에서의 저항 자리에서 주가 흐름.
오성첨단소재 2024년 7월 25~26일 1분봉 차트

종가매매

종가매수는 장마감쯤 매수해서 다음날 갭상승이나 시세가 상승으로 이어지는 것을 노리는 방법입니다. 장중 시황을 지속적으로 모니터링 하기에는 바쁜 사람들의 경우 2시 반에서 3시쯤부터 장마감까지 시장 상황을 확인하고 정해둔 종목이 원하는 위치에 왔을 시에 매수하는 방법입니다.

■ 종가매수 종목 체크리스트

① 거래대금이 매매하기에 충분한가? (거지 종목이 아닌가?)

② 신고가 영역에 있는 종목인가? (시장에서 강한 모멘텀으로 상승 중인지 판단)

③ 섹터가 전부 좋은가? 해당 종목 하나만 상승이 아닌가? (섹터가 올라야 좋다고 했죠?)

④ 수급에서 외인 기관의 매수세가 이어지고 있는가? (좋으면 더 좋으나 우선순위는 아닙니다)

⑤ 돌파 후 눌림, 그리고 재돌파하기 위해 5일선에 안착했는가?

⑥ 단기 이동평균선 정배열인가? (20일선 아래로 내렸다 올라오는 것은 아님)

⑦ 직전 저점 이탈 시 손절폭은 어느 정도인가?

이 정도를 체크해 보고 사는 것이 좋겠습니다.

<그림 26> 종가베팅의 예시 모식도. 돌파 후 눌림 예시.

위 예시의 초록색 선이 5일 이동평균선이라고 보면 되겠습니다. 원리는 결국 상승추세로 올라가는 종목이 조정을 20일선 위에서 받고 다시 상승하기 위해 올라가는 길목을 공략하는 것입니다. 분봉에서도 일봉에서도 같은 원리로 접근하고 있습니다.

오른쪽 그림은 HD 현대중공업의 일봉 차트입니다. 15만 원을 넘어서며 신고가 돌파 후 눌림, 다시 재돌파하는 모습입니다. 5일선을 명확하게 돌파한 날을 기준으로 매수, 저점 이탈 시 손절을 잡고 단기 시세나 스윙 관점에서 추세와 손절 라인을 믿고 보유하는 것도 가능합니다.

눌림매수를 할 때는 최대한 눌림 구간에서 싸게 사는 것이 중요하므로 분할로 접근하는 것이 좋습니다. 주가가 조정을 받으며 내려오다가 지지라인에서 멈추고 돌릴지, 아니면 그런 구간을 깨고 내릴지는 아무도 알 수 없습니다. 주가가 지지가 나올 만한 구간이나 의미 있는 구간에 들어섰다면 분할로 일부 매수를 진행하고, 예상대로 그런 구간

〈그림 27〉 종가베팅의 예시. HD 현대중공업 2024년 5월~7월 26일 일봉 차트

을 지켜주며 방향을 돌리는 것을 확인한 후 추가매수를 진행하는 것이 좋습니다. 예를 들어 총 30%를 매수한다면 내릴 때 5%, 지켜주는 것을 확인하고 5%, 방향이 돌아서는 것을 보고 나머지를 매수하는 것입니다. 그리고 올라가면 익절하는 것이고 손절 구간이 깨지면 손절하는 것입니다.

매매방식이 너무 심플한 것 아닌가라는 생각을 하시겠지만, 앞서 배운 내용들을 시장의 중심 종목들 안에서 적용해 보시기 바랍니다. 저항을 돌파하고 눌림 그리고 다시 상승이 나오는 구간에서 최대한 심플한 기준을 적용하여 매매를 행하는 것이 핵심이라고 생각합니다.

2부

분석의 달인 이성웅의

텐배거(10vagger), 주도주 매매법

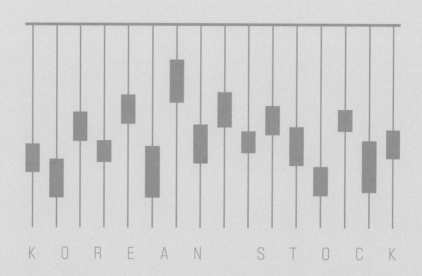

1장

어떤 주식이 주도주인가?
-10배 오른 종목은 이유가 있다

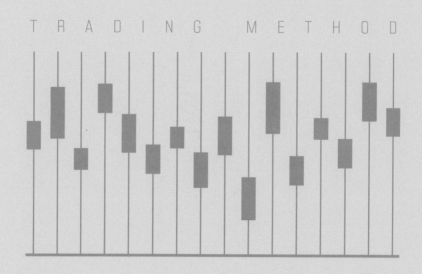

1.
주도주 등극의
환경

"내 포트폴리오에 언제나 주도주가 편입되어 있다면 얼마나 좋을까?"

주식을 하는 분이라면 늘 하는 생각일 텐데요, 주도주 좋은 건 알지만 가격이나 타이밍 때문에 엄두를 못 내거나 비싸게 사서 물려 있거나 저마다의 사연은 끝이 없겠지요.

우리는 주도주에 대해 일반적인 개념은 알고 있지만 주도주가 어떤 식으로 탄생하는지는 막연한 느낌만 있는 경우가 많습니다. 주식투자를 할 때 이론적인 지식은 많더라도 막상 실전에 들어가면 그 이론이 잘 맞지 않는 것 같습니다. 또 타이밍이 중요하다고 하는데, 그렇다면 사고파는 타이밍은 도대체 어떻게 정하는지 궁금증이 가득합니다. 저 또한 많은 경험을 통해 주식투자는 수학 문제와 같은 정해진 공식이 아니라 좀 더 확률이 높은 방법을 찾아내고, 그 방법을 자신에게 맞게 적용하면 수익을 볼 수 있다는 것을 깨닫게 됐습니다.

주도주는 사이클이 있다

저는 주도주 탄생과 소멸의 역사를 수차례 경험했습니다. 그 시기마다 직접 투자하고 부딪히고 기록하면서, 다음 기회가 왔을 때는 절대로 놓치지 않기 위해 각 사례들의 공통점을 찾으려고 노력해 왔습니다. 과거 패턴을 통해 주도주 탄생 역사의 공통적인 조건을 파악한다면 새로운 주도주가 탄생할 때도 좀 더 쉽게 접근할 수 있을 것입니다.

과거 10배 오른 업종들의 사례를 통해 주도주 탄생의 공통적인 특징을 살펴보겠습니다.

과거 사례를 종합하면, 주도주는 반복되는 사이클이 있습니다. 판매량과 수익을 기준으로 한 제품의 수명 주기는 크게 도입기, 성장기, 성숙기, 쇠퇴기의 4단계를 거치면서 주가에 반영되는데요, 10배 오른 업종은 도입기부터 시작됩니다. 도입기에서 기대감으로 주가가 상승했다가, 상용화 시점의 연기 또는 해당 시점의 경기 상황 등의 변수에 따라 제자리로 오는 경우도 빈번합니다. 주식시장은 새로운 것을 선호하지만 그것이 실적과 연결되지 않을 때는 상승과 하락의 주기가 짧습니다.

제가 방송을 통해 주도주에 대해 언급할 때는 주도주의 탄생은 투자 사이클로 시작된다는 점, 그리고 주도주는 가격 부담을 빌미로 꺾이지 않는다는 말씀을 드렸습니다. 이는 시설투자 등 자본적 지출 CAPEX이 증가하는 시기에 주도주의 주가상승은 시작되었고, 단순히 주가수익비율만이 아니라 각 업종에서 실적기여도가 높은 가격지표가 변화할 때 주도주가 부러지는 현상이 나타남을 확인할 수 있다는 것입니다.

2부 분석의 달인 이성웅의 텐배거, 주도주 매매법

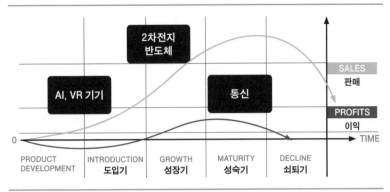

〈그림 1〉 제품수명주기에 따른 판매량과 수익

과거 10배 오른 업종(10 vagger) 사례

"역사를 잊은 민족에게 미래는 없다"라는 말이 있습니다. 주식시장의 역사도 변화를 동반하면서 반복됩니다. 먼저 과거 10배 오른 업종들의 사례를 살펴보겠습니다.

① **증권업종** : 과거를 돌이켜보면, IMF 사태 이후 주가지수는 1998년 6월 16일 280포인트에서 2000년 1월 4일 1,059포인트까지 상승했고, 거래대금은 1,865억 원에서 1999년 11월 12일 9조 6,847억 원까지 증가했습니다.

거래대금이 증가했다는 것은 그만큼 주식투자가 활성화되었다는 것이고, 당시 증권사의 수익은 매매 수수료가 대부분을 차지할 때라서 1998~1999년의 거래대금 증가를 바탕으로 증권업종의 주가는 10배가 상승합니다.

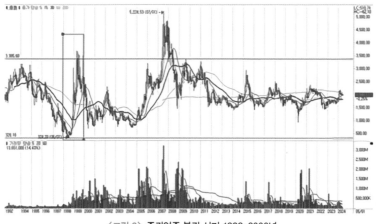
〈그림 2〉 증권업종 부각 시기 1998~2000년

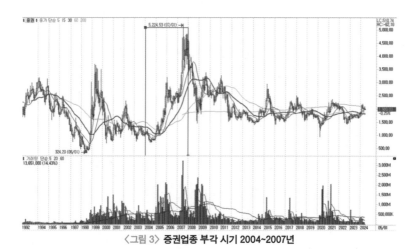
〈그림 3〉 증권업종 부각 시기 2004~2007년

　　그리고 다시 한번 증권업종이 부각되는 시기가 옵니다. 2003년
상장사 합산 순이익이 23조 6,000억 원이었는데, 2004년에는 54조
7,000억 원으로 증가하고, 주식시장은 2008년 리먼 사태 전까지 지수
가 1,340 포인트 오르게 되면서 거래대금이 1조 6,000억 원에서 13조

2부 분석의 달인 이성웅의 텐배거, 주도주 매매법

825억 원으로 증가하게 됩니다. 상장기업들의 실적 증대가 주식시장 거래대금 증가로 이어지면서 증권업종은 2004년에서 2007년 다시금 10배 이상의 주가상승이 나타나게 되었습니다.

두 시기의 공통점은 거래대금의 증가가 수반되었다는 점입니다. 그리고 거래대금 증가는 증권업종 실적 증대의 바로미터가 된다는 점이 핵심입니다.

② **건설업종 :** 2000년 래미안, 2003년 자이로 이어지는 고급 아파트 시대가 열리면서 평균 분양가가 2003년 평당 596만 원에서 2007년 983만 원으로 상승하게 됩니다. 분양가 상승만으로 국내 실적의 상승도 나타나는 구조였는데, 2004년 30불 초반의 유가가 2007년 말 90불을 상회하는 흐름이 나타나면서 중동발 플랜트 수주가 시작됩니다.

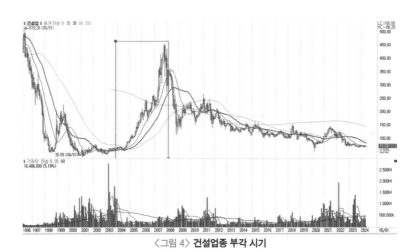

〈그림 4〉 **건설업종 부각 시기**

그 결과로 2004~2007년 사이 건설업종의 주가는 10배 상승이 이루어집니다. 국내시장의 단가 인상과 해외시장 확장이 해당 업종 실적 증대로 이어지면서 10배 성장이라는 열매로 부각된 사례입니다.

③ **조선업종** : 조선업종의 부각 시기는 건설업종과 겹치는 부분이 있는데, 이 시기의 공통된 핵심 요인은 중국경제의 성장입니다. 중국경제의 성장은 원자재 수요 증가로 철광석 수입량과 벌크선 운임지수가 상승합니다. 그리고 건설업종과 마찬가지로 유가상승에 따른 중동발 플랜트 수주 증가의 수혜를 입는데요, 조선업종의 경우 기존의 일반 선박 수주에서 해양 플랜트로 신규 매출처가 확대되는 계기가 됩니다.

〈그림 5〉 **운수장비 부각 시기**

이런 요인들이 작용하면서 2004~2007년 사이 조선업종은 10배의 주가상승이 일어납니다. 이는 글로벌에서 중국이라는 새로운 수요처의 등장 그리고 국제 원자재 가격상승이 불러온 나비 효과의 사례라고 할 수 있습니다.

④ **게임업종** : 경기상황이 나아지면서 인터넷 게임 사용자들 사이에서 빠른 속도에 대한 요구가 증가합니다. PC방과 광통신이 확장되면서 인터넷 보급률은 70%까지 상승합니다. 여기에 발맞추어 온라인 게임에 대한 접근성이 높아졌고, 2007~2011년 사이 해외 게임시장이 연평균 23.6%, 국내시장은 29.9% 증가하면서 게임업종은 10배의 주가상승을 맛보게 됩니다.

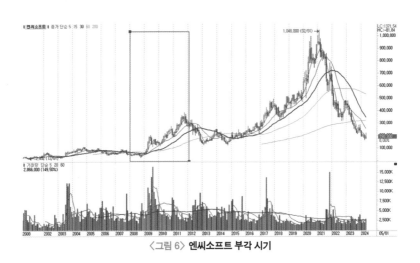

〈그림 6〉 **엔씨소프트 부각 시기**

주도주 등극의 환경은 연평균 20% 이상의 산업 성장이 기본이며,

해당 업종이 부각될 만한 산업환경의 변화가 선행되어야 함을 알 수 있는 사례입니다.

⑤ **중소형 IT업종** : 인터넷 보급률이 증가하면서 시장은 디바이스의 변화도 요구하게 됩니다. 2008년 새로운 디바이스, 스마트폰이 등장합니다. 2008년 삼성전자의 시장점유율은 5% 미만이었는데 2011년 22%까지 올라갑니다. 앞서 2010년 갤럭시S 시리즈는 디스플레이에 OLED 소재가 적용됩니다. 이런 과정이 펼쳐졌던 2008~2011년 사이 중소형 IT업종의 주가는 10배 상승을 경험합니다.

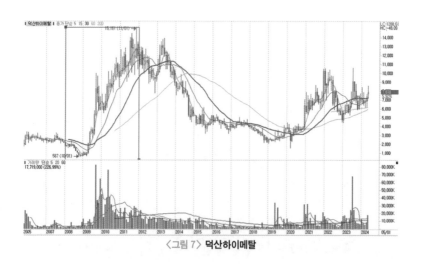

〈그림 7〉 **덕산하이메탈**

새로운 디바이스가 출현했다고 무작정 주가가 상승하지 않습니다. 시장점유율이 일정비율 이상 올라오거나, 이와 관련한 새로운 소재가

2부 분석의 달인 이성웅의 텐배거, 주도주 매매법

적용되는 경우 주가가 본격적으로 상승함을 보여주는 사례입니다.

⑥ 자동차업종 : 2008년 미국발 리먼 사태가 발생하면서 소비자는 고가 제품의 가격에 민감해집니다. 그 여파로 현대·기아차의 경우 리먼 사태 전후로 미국시장 점유율이 5~10%로 급등하게 됩니다. 현대차의 판매량은 2008년 420만 대 기준으로 2009년 11.2%, 2010년 23.5%, 2011년 14.7%로 연평균 10%대 이상씩 증가하게 됩니다. 같은 시기 기아차는 피터 슈라이어의 영입을 통해 2009년 12월에 K7, 2010년 5월에 K5를 출시하게 됩니다. 이러한 과정을 통해 2009~2011년 자동차업종(완성차 및 부품업종)은 10배의 주가상승이 일어납니다.

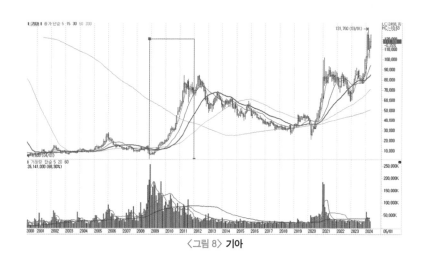

〈그림 8〉 **기아**

경제위기로 인한 소비자들의 구매형태 변화 그리고 글로벌시장 점유율 확대가 주가상승의 핵심 동인이 된 사례입니다.

10배 오른 업종의 3가지 공통점

과거 10배 오른 업종의 공통적인 특성은 다음과 같습니다.

첫째, 사이클 초입에는 수요를 견인하는 새로운 요인이 생긴다는 점입니다. 우리가 보아왔던 증권업종에는 증시호황이라는 부분이 있었고, 건설 및 기계업종에는 해외플랜트, IT에서는 피처폰을 대체할 수 있는 스마트폰의 등장이었습니다.

둘째, 수요를 견인하는 요인의 발생은 업종에서 1등주의 기여가 가장 크다는 점입니다. 산업에서 가장 핵심이 될 수 있는 기술을 가지고 있는 기업에 대한 투자가 필요한 것입니다.

스마트폰에 OLED를 탑재하기 시작하면서 관련 부품, 소재를 생산하는 인터플렉스, 덕산하이메탈의 주가가 상승했습니다. 2024년에는 XR 기기와 OLED를 탑재한 태블릿 PC의 출시가 유사한 가능성을 포함하고 있습니다.

요즘 '반도체 슈퍼사이클' 얘기를 누구나 하실 겁니다. 반도체 공급 과잉으로 생산업체들의 실적 부진과 주가하락이 이어졌고 이에 따라 감산이 단행되었습니다. 이로 인해 공급 과잉이 둔화될 것으로 기대되면서 주가 반등이 시작되었습니다. 그러나 수요 회복은 누구도 예단할 수 없었던 상황에서 챗GPT가 출현하면서 현실이 되기 시작했고, AI와 서버의 결합을 엔비디아의 가속기가 이끌게 되면서 반도체 업황의 수요 회복도 나타나게 되었습니다. 그 중심에는 엔비디아가 있었고, 이번 IT 사이클의 주도주이기도 합니다.

셋째, 같은 업종 내에서 국내시장 점유율 1위 기업보다는 글로벌시장 점유율 5위 안에 드는 기업의 주가상승이 더 강했다는 점입니다.

투자하면서 10배거 사례를 기억해 두는 이유는 이후 이와 유사한 사례들이 발생했을 때 직접 투자에 대해 실행하기 위함입니다. 다음은 이러한 투자 이론을 바탕으로 실제 매매를 했던 사례를 이어서 보겠습니다.

■ **10배 오른 종목**(10 배거), **주도주의 특징**
① 수요를 이끌어주는 요인이 있는 종목
② 핵심기술을 가진 업종 1등주
③ 글로벌시장 5위 안에 드는 기업

주도주 매매
사례

리더스코스메틱(구 산성엘앤에스)

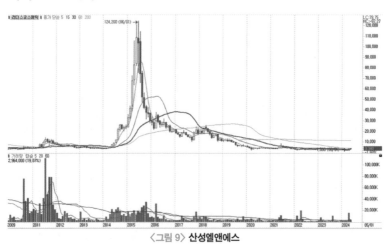

<그림 9> 산성엘앤에스

2010년을 넘어가면서 경제력을 가진 베이비붐 세대들이 고령화 터널에 진입합니다. 사회 전반적으로 라이프 스타일 개선과 안티에이징,

웰빙에 대한 관심이 높아지면서 건강기능식품 사업을 영위하는 기업들이 주식시장에서 화제가 되기도 했습니다.

국민의 소비행태 변화에 더해 중국인 관광객을 일컫는 '요우커'의 국내 유입이 지속적으로 증가하는 시기였습니다. 한국관광공사 자료에 따르면 2013년 외국인 관광객이 구입한 쇼핑 품목으로 화장품과 향수가 가장 많았으며, 우리나라를 방문한 중국인 관광객의 화장품 구입이 외국인 관광객 평균을 크게 상회했습니다. 중일 영토분쟁에 따른 중국인의 일본여행 대체 수요도 부각되는 시기였고, 위안화 강세로 인한 구매력 증대까지 동반되었습니다.

국내에서는 베이비붐 세대, 해외에서는 중국 관광객이라는 구매력을 가진 새로운 수요처가 떠오른 것입니다. 드라마 '별에서 온 그대'가 중국에서 히트 친 2013년을 기점으로 화장품 매출은 급증했고, 2015년에는 아모레퍼시픽이 포스코홀딩스를 제치고 시가총액 5위에 오르기도 했습니다. 이 시기에 골판지 관련 사업을 영위하던 산성엘앤에스는 과점형태인 본업의 매력도가 떨어지는 상황에서 2011년 리더스코스메틱(주)을 흡수합병하게 됩니다. 당시 제가 관찰했던 것은 합병 초기에는 영업이익이 당장 발생할 수 없으니, 매출 볼륨이 성장하고 전체 매출에서 화장품 매출의 비중이 올라오는 시기를 체크했습니다. 2011년 450억 원 정도였던 매출액은 2013년 730억 원대까지 증가하였고, 영업이익은 2013년 기준 22억 원까지 올라오게 되었습니다.

특히 중국시장의 반응이 남달랐습니다. 중국 인터넷 쇼핑몰 타오바오몰에서 마스크팩 판매가 2014년 92% 증가했고, 마스크팩 카테고리에서 이니스프리, 라네즈보다 높은 순위를 기록했습니다.

우리나라 화장품에 대한 중국 소비자들의 선호도가 높아진 상황에서 리더스코스메틱이 대형 화장품 회사들의 제품보다 상위에 랭크되는 것을 확인하면서 투자를 결정하게 되었습니다.

2013년에는 2012년 대비 2.5배 증가한 영업이익 22억 원을 달성하였고, 2014년에는 예상 영업이익이 77억 원이었는데 221억 원의 영업이익을 달성합니다. 1년 사이 영업이익이 10배 성장한 것입니다.

2015년은 우리나라 화장품업종의 황금기였습니다. 중국에 제품 판매를 하는 기업의 경우 미래 이익을 주가에 반영하는 흐름이 강했고, 산성엘엔에스 또한 그러한 종목 중 하나였습니다. 2015년 3월에는 시가총액 1조를 넘어섰습니다. 2014년 영업이익 221억 원에서 2015년에는 영업이익 680억 원으로 추정치가 상향되면서 영업이익 3배 성장 및 시가총액 1조 이상의 당위성에 대해 논란이 일기도 했습니다.

실적 추정치가 높아진 상태에서 수요 둔화가 예측된다면 주가는 조정받게 될 가능성이 높습니다. 특히 메르스의 발발로 입출국 관광객이 줄기도 했고, 이어서 중국 정부의 따이공(代工, 중국 보따리상) 규제 강화로 중국향 화장품 시장이 위축되기 시작했습니다.

매수에 진입했던 포인트는 화장품 시장이 내수에 이어 해외에서 소비확장이 일어나는 상황에서 해외시장의 핵심인 중국 소비자들의 선호도가 높은 제품을 생산 판매한다는 것이었고, 매수 이후 상당 기간 실적이 뒷받침되면서 주가상승이 이어졌지만 실적 추정치 상승과 시장의 위축, 규제 강화라는 장벽이 나타나면서 매수 포인트가 훼손되었고 매도를 단행했습니다. 중국향 물량의 70% 언저리를 담당하는 대리상 매출 중 따이공을 통한 물량이 빠지게 되면서 2015년 영업이익

추정치는 상반기 680억 원에서 하반기에는 440억 원까지 낮아졌고, 그 과정에서 주가는 조정을 받게 됩니다.

케이엠더블유

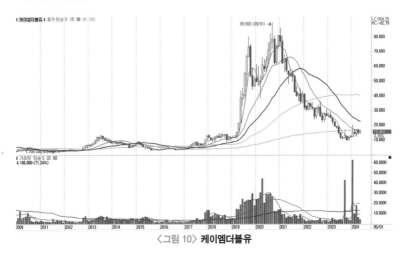

〈그림 10〉 케이엠더블유

2019년 LTE에서 5G로 전환 시기가 도래하였습니다. 저는 과거 3G에서 LTE로 전환되었던 시기에 통신장비주들의 주가가 강했던 기억을 바탕으로 투자에 대한 시각을 가지게 되었습니다.

통신주에 대한 접근과 통신장비주에 대한 접근은 확연히 다릅니다. 통신주는 시설투자가 단행되는 시기에는 평소보다 비용의 증가로 인해 실적이 부진하게 되고, 그래서 주가는 통신장비주보다는 좋지 않은 특성이 있습니다. 그리고 2014년 '이동통신단말장치 유통구조 개선에 관한 법률(단통법)' 도입 이후 ARPU(가입자당 평균수익)가 계속 하락하면서 통신주는 배당 시즌 이외에는 투자대상으로서의 매력도는 떨어져 있던 상황이었습니다.

반면 통신장비주의 경우 5G에 대한 시설투자가 단행되면서 실적 증대가 나타나는 시기였습니다. LTE와 5G가 큰 차이가 없었다고 하면 시설투자는 보완투자 정도만 진행되었을 것이고, 통신장비주들의 주가도 멀티플의 증가 없이 실적 증대 정도만 반영하여 나타났을 텐데 그렇지 않았습니다.

최대속도는 5G가 LTE보다 20배 빨라졌습니다. 또 LTE의 결점인 업로드 주파수 효율을 보완해 준다는 것도 5G의 장점 중 하나였습니다. 통신장비주에 대한 투자를 검토하기 시작한 이유였습니다.

투자할 때는 장점만 볼 것이 아니라 단점도 보아야 합니다. 5G는 주파수 대역이 낮을수록 장애물이 있더라도 피해갈 수 있는 장점이 있는 반면, 고주파의 경우 중간 장애물이 있으면 음영지역이 되면서 무선통신 기능을 상실하는 단점이 있었습니다. LTE에 비해 많은 기지국이 필요하다는 결론이 나왔습니다. 따라서 통신장비주 중에서 기지국 관련 사업을 하는 회사들을 중심으로 기업 정보를 수집하기 시작했고, 이 중 기지국 관련 필터의 자동화 생산 시스템을 갖춘 케이엠더블유에 대해 투자를 결정하게 되었습니다.

2019년 6월 26일 케이엠더블유는 IR(기업설명회)을 개최했습니다. 예상 실적에 대해서 매출액 및 영업이익 모두 상회가 가능하다고 미리 말한 상황이라, 실제 IR을 통해 그 정도의 실적 여력이 있는지 확인하고 싶었고 핵심은 필터 부분의 자동화 생산이었습니다. 무선통신 주파수 사용은 통신사업자별 장치 주파수만 정확히 써야 하는 의무가 있었고, 중국 통신장비 제조사는 품질 이슈로 인해 상당 부분 납품이

2부 분석의 달인 이성웅의 텐배거, 주도주 매매법

중지된 상황이었습니다. 그래서 필터의 중요성이 더욱 높아진 상황이었습니다.

필터 생산에서 가장 어려운 부분은 조립한 다음 주파수 특성을 스팩에 맞게 조정하는 튜닝 과정입니다. 인력을 통해 체크하면 10분에 하나를 튜닝하는 수준이었는데, 케이엠더블유는 스크류를 통한 튜닝으로 이 부분을 자동화하면서 원가에서 경쟁업체보다 유리한 고지를 점령한 상태로 사업 진행이 가능해졌습니다. 시장가 입찰구조에서는 성능 대비 원가에서 유리한 쪽이 채택되는 게 핵심인 것을 포함하여 여러 상황을 세심하게 리서치한 결과 최종적으로 투자를 결정했습니다. 어떤 종목을 판단할 때는 해당 업종 내 경쟁업체 간의 승패를 가름할 포인트가 어디에 있는지를 파악하고, 그 부분에서 확실한 경쟁우위를 점할 수 있는 기술력과 조건을 그 회사(종목)가 확보하고 있는지를 꼼꼼하고 철저하게 살펴보고 분석해야 함을 확인시켜준 투자 사례였습니다.

레인보우로보틱스

새로운 제품이 출현하게 된다면 어떤 현상이 나타날까요?

2023년 로봇업종이 부각되기 시작한 시점은 연초 삼성그룹이 연간 사업 목표를 발표하면서 로봇사업을 언급하면서부터였고, 여기에 더해 레인보우로보틱스에 투자가 단행되면서 약 5배의 주가상승이 나타나게 됩니다.

1. 신주의 종류와 수	보통주식 (주)	1,940,200
	기타주식 (주)	–
2. 1주당 액면가액 (원)		500
3. 증자전 발행주식총수 (주)	보통주식 (주)	16,841,219
	기타주식 (주)	–
4. 자금조달의 목적	시설자금 (원)	28,982,080,000
	영업양수자금 (원)	–
	운영자금 (원)	30,000,000,000
	채무상환자금 (원)	–
	타법인 증권 취득자금 (원)	–
	기타자금 (원)	–
5. 증자방식		제3자배정증자

※ 기타주식에 관한 사항

정관의 근거	–
주식의 내용	–
기타	–

6. 신주 발행가액	보통주식 (원)	30,400
	기타주식 (원)	–
7. 기준주가	보통주식 (원)	33,758
	기타주식 (원)	–
7-1. 기준주가 산정방법		최소값[이사회결의일 전일을 기산일로 하여 과거 1개월간·1주일간·최근일 가중산술 평균주가의 단순평균, 최근일 가중산술평균 주가]
7-2. 기준주가에 대한 할인율 또는 할증율 (%)		10.0

3자배정증자 세부내용

【제3자배정 대상자별 선정경위, 거래내역, 배정내역 등】

제3자배정 대상자	회사 또는 최대주주와의 관계	선정경위	증자결정 전후 6월 이내 거래 내역 및 계획	배정주식수 (주)	비 고
삼성전자주식회사	없음	경영상의 목적 달성, 납입능력, 투자 적격 대상 요건 충족 여부 및 납입능력 등을 고려하여 이사회에서 선정함.	없음.	1,940,200	전매제한 조치 (1년간 전량 보호예수)

레인보우로보틱스에 대한 삼성전자 3자배정투자

2부 분석의 달인 이성웅의 텐배거, 주도주 매매법

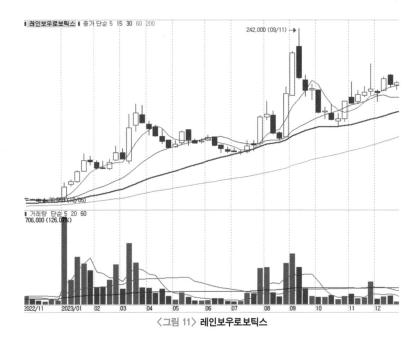

〈그림 11〉 레인보우로보틱스

　레인보우로보틱스의 매출 비중이 가장 높은 부문은 '협동로봇'이었습니다. 협동로봇의 핵심 부품은 감속기입니다. 이에 따라 협동로봇 관련 기업, 감속기 관련 기업들의 주가도 동반해서 강한 모습을 보여주었습니다. 이는 선도기업과 그에 관련된 기업의 핵심 부문이 무엇인지를 파악하는 것이 중요하다는 것을 보여준 사례입니다.

　이를 테슬라 사례에 대입하면 어떨까요? 최근 본업으로 주가가 부진한 테슬라는 전기차 가격의 인하를 단행했지만, 전기차 수요에 대한 일시적인 정체현상이 나타나면서 본업의 실적부진이 나타났습니다.

　테슬라가 신사업으로 추진하는 부분의 한 가지 파트는 '휴머노이드 로봇'입니다. 휴머노이드 로봇이 개발되고 시장에 나온다고 하면 이

제품명	RB3-730	RB3-1200	RB5-850	RB10-1300	RB16-900	RB-N Series
형상						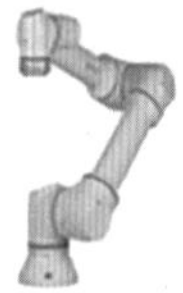
설명	가반하중 3KG 최대도달범위 730mm **소형고정밀 협동로봇**	가반하중 3KG 최대도달범위 1200mm **현존하는 저하중 협동로봇 중 최장의 작업 반경 모델**	가반하중 5KG 최대도달범위 927.7mm **RB 시리즈의 표준모델**	가반하중 10KG 최대도달범위 1300mm **RB 시리즈 중 최장의 작업반경**	가반하중 16KG 최대도달범위 900mm **RB 시리즈 중 최대 가반하중**	**세계최초 미국 위생협회 (NSF) 인증 협동로봇**
특징	용접, 본딩 등 윤곽을 따라 작업하는 정밀작업에 효율적 **적합산업** IT, 전자, 바이오 서비스 등	연마, CNC 머신밴딩 작업에 효율적 **적합산업** 용접 외	생산, 조립, 부품체결 등 제조업 F&B, 소독시스템, 로봇 스튜디오 등 서비스업에 범용적으로 사용	먼거리에서 중량물을 이동하는 물류 및 조립자동화 작업에 적합함	포장, 택배운반, 팔레타이징, 조립 자동화 등 고중량물작업에 효과적	튀김기, 에스프레소머신 등 다양한 식음료 산업 적용 가능

〈그림 12〉 레인보우로보틱스 협동로봇 라인업   출처: 에스비비테크 전자공시

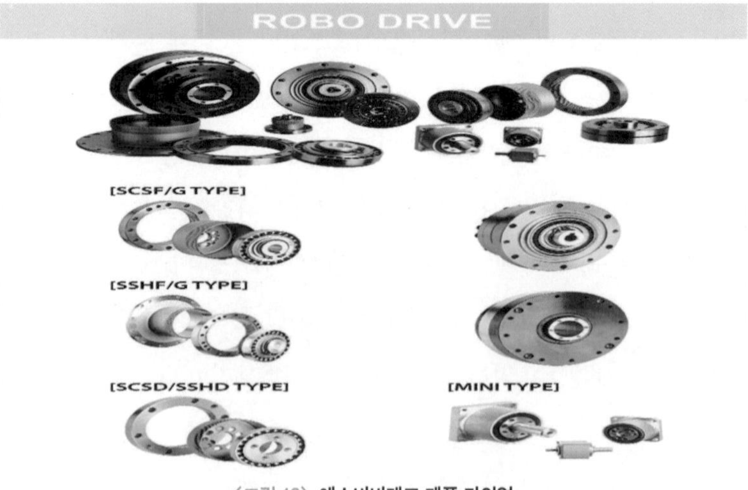

〈그림 13〉 에스비비테크 제품 라인업

2부 분석의 달인 이성웅의 텐배거, 주도주 매매법

와 관련되어 매출 비중이 가장 높은 부분과 핵심 부품을 찾아서 접근하는 것도 방법인데, 전동기기에 비해 파워를 더 낼 수 있는 유압동력 설계를 가진 기업과 인공지능 탑재가 가능한 시스템을 가지고 있는 기업이 핵심이 될 수 있습니다.

JYP 엔터테인먼트

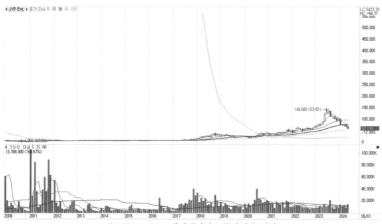

〈그림 14〉 JYP 엔터테인먼트 주가상승 시기

코로나19라는 전 지구적 차원의 변수가 발생하면서 주식시장은 크게 흔들리게 됩니다. 누구나 할 것 없이 매수보다는 매도로 일관하는 시장이 연출되었고, 당연하다고 생각하면서 누렸던 일상의 모든 것을 뿌리까지 흔들어놓을 정도로 그 파급력은 어마어마했습니다.

　업종의 실적이 증가하는 시기에는 업종 대표주의 경우 실적증가 대비 시가총액 증가의 폭이 더 크게 나타납니다. 실적 대비 주식가치의 비율을 '멀티플'이라고 하는데, 새로운 시장의 등장을 통한 시장규모의 증가는 업종의 멀티플, 시장 안에서 기술력을 가진 기업이 출현한 경우에는 기업의 멀티플이 증가한 사례라고 할 수 있습니다.

반대로 업종의 실적감소가 나타나는 시기에는 실적감소 대비 시가총액의 감소폭이 더욱 강하게 나타나는 경우가 있습니다. 이러한 사례는 ① 외부변수로 인한 시장의 조정으로 수급적인 요소의 투매 현상이 나올 때 ② 업종의 성장 단계에서 성숙 단계로 진입하는 상황일 때 발생 가능합니다.

①의 사례에서의 대응은 외부변수로 인한 시장 조정의 폭이 둔화되는 시기 또는 외부변수가 마무리되면서 시장이 돌아설 때 실적에 대한 부분만큼의 되돌림이 나올 수 있기에 매수의 대응이 가능합니다. 다만 ②의 사례에서는 업종이 성장단계에서 성숙단계로 진입하면서 비용 대비 효율이 떨어지게 되는 상황이라, 멀티플 감소의 명분이 시장 참여자들에게 인식되지 않는 한 매수의 대응이 불가능합니다.

엔터테인먼트 업종의 경우는 음원 판매 매출 비중이 높긴 하지만, 가장 큰 홍보 기회인 콘서트 개최를 위해서는 대중을 접해야 하는 특성이 있습니다. 대표적인 대규모 집합 행사인 콘서트는 물론이고, 거의 모든 오프라인 행사가 취소되는 등 코로나19 여파로 엔터테인먼트 업종의 주가는 하락합니다. 위 ①에 속한 사례라고 볼 수 있는 만큼 외부변수로 인한 시장 조정이 나오는 상황에서 엔터테인먼트 업종의 실적과 시가총액은 크게 감소했습니다.

코로나19 시기에 투매가 연속되었던 주식시장은 호주시장의 선물이 돌아서는 것을 확인하고 반등이 나오기 시작했고 엔터테인먼트 업종도 마찬가지였습니다. 코로나19 초기 감염 사례 대부분에서 폐렴증세가 나타났던 반면, 오미크론 변이가 주종이 된 이후에는 폐렴증세가 거의 사라지면서 대부분의 나라가 격리조치나 밀접접촉자 판정을 하지 않게 되었습니다. 그러면서 '리오프닝'이라는 명칭이 생겨났고, 엔터테인먼트 업종도 실적 회복에 대한 기대감으로 주가가 반등하기 시작했습니다.

부정적인 외부변수가 없어지는 단계에서는 그 변수로 가장 큰 피해를 입은 업종의 주가 회복력이 가장 강하고, 같은 업종 안에서도 실적의 회복 강도가 가장 강한 종목의 주가 복원력이 강하다는 것을 알 수 있는 사례입니다.

■ 주가 사이클의 주기 - 반도체 업종과 전력기기 업종

① 사이클 업종에서는 주기가 존재하는데, 주가하락이 나타나고 심리적인 괴로움이 극에 달할 때 주가의 바닥인 경우가 많습니다. 반면 주가상승이 나타나면서 이 종목을 사지 않으면 소외감과 불안감이 드는 상황이 주가의 고점인 경우가 많습니다.

② 심리적 주기 외에 반도체 업종의 경우는 〈불황 → 감산 → 공급감소 → 주가회복 → 가격상승 → 주가상승 → 모두가 행복 → 증설 통한 공급증가 → 주가하락 → 초조함〉이 반복되는 특성이 있고,

③ 전력기기의 경우는 〈공급부족 → 기기가격 상승 → 주가상승 → 수요는 미회복 → 주가 제자리 → 수요상승 → 주가상승 → 증설 → 실적 고점 → 주가하락〉이 하나의 사이클이라고 할 수 있습니다.

서핑할 때 특유의 리듬이나 바람의 방향에 따라 이동하는 방식이 있는 것처럼 저와 함께 주도주의 바다를 서핑해 보시겠습니다.

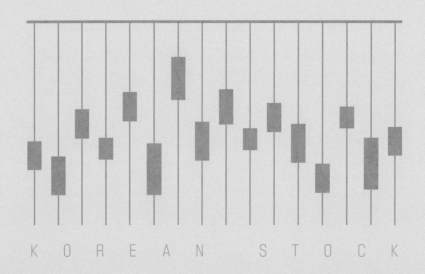

2장

주도주, 언제 살 것인가?
5가지 포인트

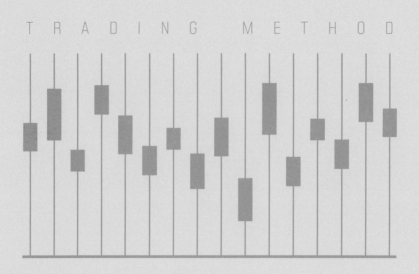

밸류에이션
하단에서 사라

주도주의 흐름은 실적추정치 변화주기와 일치한다

우리는 주식투자를 하면서 내가 굴리는 주식계좌에 어떤 주식을 편입할지와 함께 언제 편입할 것인지를 늘 고민합니다.

우리나라 주식시장에서 최근 20년간 주도주는 약 2~5년 주기로 교체되어 왔습니다. 주도주 흐름이 2~5년 정도 순환을 보이는 주된 요인은 실적 추정치의 변화주기와 일치했습니다.

〈그림 1〉 **연도별 주도주 변화**   출처 : IBK투자증권

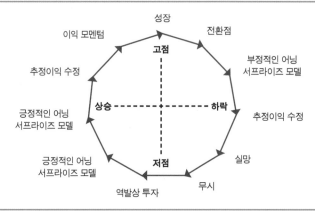

〈그림 2〉 **이익 예상치 변화 순환구조** 　　　　　　　　출처: IBK투자증권

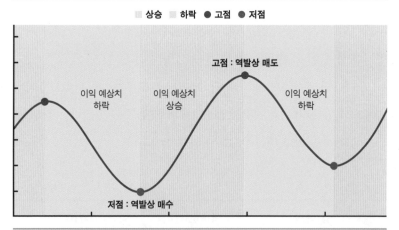

〈그림 3〉 **이익 예상치 변화 순환 주기** 　　　　　　　　출처: IBK투자증권

　　흔히 주가는 기업 실적의 함수라고 합니다. 실적이 개선되면 기업에 대한 실적 추정치가 올라가게 되고, 그러면서 주가도 강세를 나타

내게 됩니다. 지속적인 이익이 나오는 기업은 주가가 견조하게 흘러가고, 이익이 꺾이는 단계에서는 주가가 약세를 나타냅니다.

기업의 주가 수준을 설명할 때 밸류에이션valuation이라는 단어를 많이 들어보셨죠? 밸류에이션 상단, 하단이라는 단어 또한 많이 들어보셨을 겁니다. 밸류에이션은 말 그대로 가치평가, 즉 기업이 거둘 수 있는 이익에 대비해서 지금 거래되는 주가 수준이 어느 정도인지를 설명하는 단어입니다.

주도주의 반복은 실적추정치의 변화주기와 일치했다는 점을 기업의 밸류에이션에 적용시켜 보면 밸류에이션 하단에 위치한 기업을 매수했을 때는 수익을 거둘 확률이 높아짐을 알 수 있습니다. 이해를 돕기 위해 몇 가지 사례를 보겠습니다.

LG이노텍 사례

주식시장에 상장된 기업은 실적 중심으로 움직이는 종목, 실적보다는 테마군으로 더 반응하는 종목, 시장이 빠져야 올라가는 종목 등등 각기 다양한 특성을 가지고 있습니다. 이 중 사이클이 반복되는 특성을 가진 종목들은 밸류에이션 주기가 반복되어 왔습니다.

LG이노텍의 사례를 살펴보겠습니다. LG이노텍은 광학, 전장, 기판, 전자 분야에서 세계시장을 리딩하고 있는 글로벌 소재·부품 기업입니다.

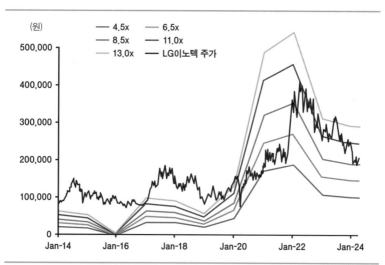

〈그림 4〉 LG이노텍 12M Fwd P/E Band

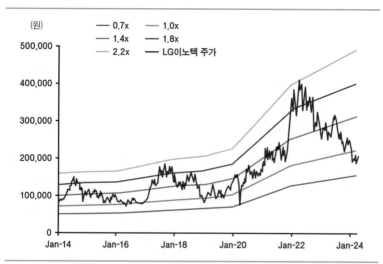

〈그림 5〉 LG이노텍 12M Fwd P/B Band　　　　　　　출처: Dalaguide, DB 금융투자

　　　　　　　　2부 분석의 달인 이성웅의 텐배거, 주도주 매매법

현재 거래되는 주가 수준을 파악하기 위해 12개월 선행 PER(주가수익비율)과 함께 PBR(주가순자산비율) 지표를 같이 참고합니다. 절대적인 수치가 낮으면 주가는 싸니까 매수한다, 라는 접근보다는 과거에 받았던 낮은 PER과 PBR을 확인하고 그 원인을 같이 고려해 보면 현재 시점에서 매수가 적절한지의 판단이 뚜렷해집니다.

LG이노텍의 주가는 2024년 기준으로 이전 10년간 PBR 밴드 0.9배가 밸류에이션 하단, 2.2배가 밸류에이션 상단이었으며 2020년 LED 사업에 대한 구조조정이 단행되었을 때 PBR 0.9배 이하로 일시적으로 낮아지기도 했습니다.

최근 주가 흐름은 PBR 1.0배 수준 이하까지 낮아지는 흐름이 나타났습니다. 북미 고객사의 중국시장 점유율 하락과 실적 부진의 지속이 부각되면서, 밸류체인에 속하는 LG이노텍의 경우도 시장에서 소외되는 모습입니다.

12개월 선행 PER-PBR 기준 밸류에이션에서는 역사적 하단 부근이라는 조건이 부합된 상황에서 매수할 수 있는데, 한 가지 조건을 더 보겠습니다.

기업의 이익감소 대비 주가하락이 크고 PER-PBR 지표를 해석하니 평가절하로 판단된다는 이유만으로 매수를 할 경우 이익감소가 추가로 나타날 가능성도 존재합니다. 지표의 함정에 빠질 수 있는 것입니다.

그래서 ROE(자기자본이익율)의 역사적 추이를 함께 보면서 자본 대비 이익의 훼손이 없는지를 참고할 수 있습니다. LG이노텍의 경우 ROE는 10년 평균치를 상회하는 상황에서 PBR 지표는 역사적 하단에 위치하고 있기에 매수가 가능하다는 결론이 나옵니다.

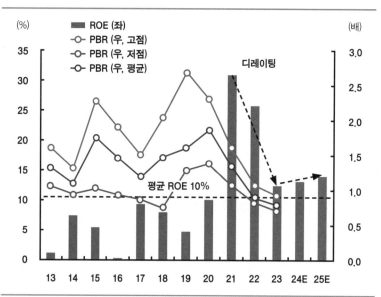

〈그림 6〉 LG이노텍 ROE와 PBR(고, 저, 평균) 추이
ROE는 10년 평균을 상회하나, P/B는 최하단
출처: LG이노텍, 하이투자증권 리서치본부

고려아연 사례

장치산업은 사업 초기에 시설투자를 위한 대규모의 비용이 투여됩니다. 그래서 사업 초기 실적의 발생이 더디지만, 감가상각비가 반영되고 제품을 본격적으로 생산하는 시점부터 실적이 발생하기 시작합니다.

고려아연은 대표적인 장치산업으로 연과 아연의 제련이 중심인 기업입니다. 실적은 아연, 연, 금, 은과 같은 LME(런던금속거래소) 공식가격에 상관관계가 높습니다. 가격지표로는 LME 공식가격을 참고할 수 있고, 수요에 대한 민감도가 높은 특성을 가지고 있습니다.

고려아연의 외부변수 사례를 제거한 역사적 PBR 추이를 살펴보면,

2부 분석의 달인 이성웅의 텐배거, 주도주 매매법

1.0배 초반은 밸류에이션 하단에 위치하고 있음을 알 수 있고, 주가로
는 40만 원대에 해당됩니다. 밸류에이션 하단에서 접근이라는 방식을
대입해 보았을 때 40만 원대에서는 고려아연 매수가 가능하다는 결론
이 나옵니다.

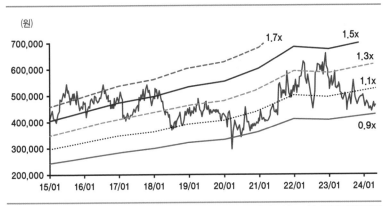

〈그림 7〉 **고려아연 12M Fwd P/B Chart**   출처: 이베스트투자증권 리서치센터

2.

실적을 통한
주가 저점권 도출

업종 PER과 차이가 날 경우

우리는 종목의 주가 흐름을 볼 때 지나고 나서 "아, 그때 매수할걸" 하고 후회하곤 합니다. 그러면서 "주가 저점권에서의 접근은 어떻게 할 수 있을까?"라는 고민이 더해집니다. 그런 과정을 통해 주가와 상관관계가 높은 지표 중 하나는 실적임을 알 수 있었고, 실적에 대한 해석이 합리적으로 이루어진다면 주가 저점권에 대한 접근이 가능하다는 결론이 나오게 되었습니다. 그렇다면 각 종목의 실적과 가치를 합리적으로 해석할 수 있는 잣대는 어떤 것이 있을까요?

　종목이 모여서 업종을 구성하고, 각 종목은 이익 대비 각기 다른 가격으로 주식시장에서 거래됩니다. 각 종목을 비교할 수 있는 가격 기준이 있다면 상대적으로 싼 종목과 비싼 종목의 구분이 가능할 것입니다. 이러한 종목별 비교의 기준은 업종 주가수익비율PER로 접근할 수 있습니다.

■ 업종 PER을 확인하는 방법

① 한국거래소 홈페이지에 접속 (http://www.krx.co.kr)

〈그림 8〉 KRX를 통해 업종별 밸류를 찾는 법

② 상단 메뉴 목록 중 '정보데이터 시스템'을 선택

〈그림 9〉 업종 PER

③ 왼쪽 메뉴 지수-주가지수-PER/PBR/배당수익률 선택

계열 구분은 한국거래소(KRX), 코스피, 코스닥 테마로도 가능하고, 최근 만들어진 지수가 KRX 지수이다 보니 업종 내 관련된 종목의 경우 세분화되어 있습니다.

지수명	PER	PBR	배당수익률
KRX 300	23.00	1.06	1.82
KTOP 30	26.13	1.12	1.72
KRX 100	24.05	1.07	1.80
KRX 자동차	6.50	0.69	3.28
KRX 반도체	-	2.39	0.78
KRX 헬스케어	222.49	3.86	0.21
KRX 은행	6.10	0.47	4.62
KRX 에너지화학	32.73	0.97	1.04
KRX 철강	12.44	0.53	2.36
KRX 방송통신	14.60	0.63	4.99
KRX 건설	11.58	0.60	1.54
KRX 증권	8.65	0.48	3.65
KRX 기계장비	43.18	2.35	0.38
KRX 보험	5.46	0.47	4.42
KRX 운송	9.08	0.83	2.28
KRX 경기소비재	12.40	0.84	2.42
KRX 필수소비재	21.03	0.98	2.10
KRX 미디어&엔터테인먼트	135.17	1.69	0.60
KRX 정보기술	-	1.92	0.81
KRX 유틸리티	-	0.39	1.63
KRX 300 정보기술	-	1.92	0.80

KRX 300 금융	6.58	0.52	4.25
KRX 300 자유소비재	7.08	0.71	3.36
KRX 300 산업재	21.51	1.05	1.28
KRX 300 헬스케어	142.93	4.38	0.18
KRX 300 커뮤니케이션서비스	32.64	1.25	1.87
KRX 300 소재	26.85	0.89	1.35
KRX 300 필수소비재	22.57	0.99	2.00

여기 명시된 업종지수 중 자동차업종을 예로 들어보겠습니다. KRX 자동차업종의 PER은 6.5배 수준입니다. 해당 지수에 편입되어 있는 완성차 종목인 현대차, 기아의 PER과 비교해 업종 PER이 종목 PER보다 하회하는 경우에는 업종 PER에 수렴하는 특성이 있다 보니 주가의 반등이 나타날 가능성이 높습니다.

여기서 고려해야 할 점은 실적에 대한 성장 둔화가 나타나지 않아야 한다는 점인데, 자동차업종에 포함된 완성차의 경우는 현재 성장 둔화의 시점은 아니기에 업종 PER과 종목 PER의 편차가 발생했을 경우 매수가 가능하다는 결론이 나옵니다.

부정적 요소가 제거되었을 경우

주식투자를 하다 보면 변수가 계속 발생합니다. 종목을 바라보던 관점이 변수로 인해 내일 당장 바뀌기도 하고, 가깝게는 1분 뒤에도 변합니다. 주식가격의 특성은 긍정과 부정을 모두 내포하고 있다는 것입니다. 주가가 하락해 있는 기업은 그만큼의 부정적인 요소를 갖고 있다고 해석할 수 있습니다. 주가는 또한 불확실성을 두려워합니다. 기업에 대한 불확실성이 존재할 때는 시장 참여자들도 매수를 주저합니다. 그렇다면 우리가 기업의 주가를 바라볼 때 현재의 주가 수준이 긍정과 부정의 어떤 면을 내포하고 있는지를 파악한다면 지금 매수를 할지, 기다렸다가 매수를 할지 결정할 수 있을 것입니다. 부정적인 면을 내포하고 있어 기업의 주가가 하락하는 상황이라면 부정적인 요소가 제거될 때는 매수가 가능하다는 결론이 나옵니다. 많은 사례가 있겠지만 코로나19 시기 저가항공사들의 사례를 보겠습니다.

저가항공이 생겨난 배경 자체가 저렴한 운임에 있다 보니 유가와 환율 등 가격변수에 민감한 것이 당연합니다. 유가는 항공사 운항 원가의 30% 가량을 차지하고, 환율은 10원만 올라도 200~300억 원대의 평가손실이 발생합니다.

하지만 누구도 예상하지 못했던 코로나19라는 돌발변수는 이보다 훨씬 더 큰 타격을 입혔습니다. 항공사의 절대적인 수익원인 운항 수익이 뚝 끊긴 치명적인 상황이 예상보다 장기화되면서 저가항공사들은 부채비율 2000%를 넘어갔고, 완전 자본잠식 상태에 이른 기업도 나타났습니다.

유상증자, 자금확충 등으로 급한 불을 끄면서 버틴 결과 코로나19 변이로 전염 강도가 약화되었고 '리오프닝'을 선언하는 나라들이 생겨나기 시작했습니다. 이와 같이 부정적인 요소가 제거되면서 저가항공주들도 반등을 하기 시작했고, 우리나라뿐 아니라 전 세계 항공주의 동반상승으로 이어졌습니다.

3.

실적과 함께 보아야 하는
업종별 가격지표

주식시장에 거래되는 주식들은 각자의 사업이 있습니다. 그러한 사업은 원재료를 가지고 제품을 만들어 판매하는 경우도 있고, 무형의 재화를 통해 이익을 거두는 경우도 있습니다.

원재료를 가공해 제품을 만드는 기업은 원재료 가격이 싸지면 원가가 절감되고, 제품가격이 올라가면 수익성이 개선됩니다. 실적을 추정할 수 있는 가격지표는 원재료 가격과 제품가격의 차이인 스프레드를 들 수 있습니다. 이러한 지표를 활용하는 업종으로는 화학업종이 있고, 정제마진이라는 가격지표가 존재하는 정유업종도 있습니다.

무형의 재화를 통해 이익을 거두는 기업은 이익의 주체에 대한 가격지표 파악이 필요합니다. 엔터테인먼트 업종을 예로 들면 가수의 앨범판매가 매출 비중이 가장 높기에, 최근에 시장 참여자들은 앨범의 초동물량과 콘서트 일정을 지표로 만들어 참고합니다.

실적과 상관관계가 높은 가격지표의 활용이 핵심입니다. 주식시장의 특성은 매일 열린다는 것이기 때문에 실시간 파악이 가능한 가격 지표가 실효성이 높다고 볼 수 있습니다.

아래 몇 가지 업종의 핵심 가격지표를 정리해 보았습니다. 해당 업종이 아니라도 가격구조가 비슷한 업종이라면 매매 판단에 참고할 수 있을 것입니다.

OECD 경기선행지수 : 반도체업종 등

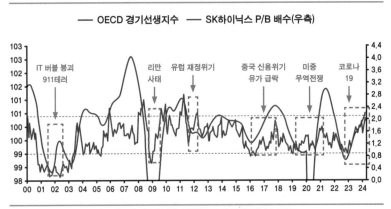

〈그림 10〉 OECD 경기선행지수와 SK하이닉스 PBR
출처: SK 하이닉스, Datastream, 하이투자증권 리서치본부

모든 업종이 경기에 영향을 받지만 반도체업종은 특히 경기 민감도가 높습니다. 그래서 주가의 선행성이 다른 업종보다 강하고, 실적에 비추어 본다면 적자 상황에서 매수해 흑자 상황에서 매도하는 접근도 크게 보면 맞을 수 있습니다.

반도체업종과 주가의 상관관계가 높은 가격지표 중 하나는

2부 분석의 달인 이성웅의 텐배거, 주도주 매매법

'OECD 경기선행지수'가 있습니다. 보통 2분기 이상의 경기 흐름을 예측하는 지수입니다. 이 지수는 경기순환국면을 크게 4단계로 나누어 100을 기준으로 평가합니다.

① 100 이상에 위치하고 있고 추세가 상승이면 확장국면
② 100 이상에 있고 추세가 하락이면 하강국면
③ 100 이하에 있고 추세가 하락이면 수축국면
④ 100 이하에 추세가 상승이면 회복국면

우리나라 지수는 업황, 코스피지수, 재고순환지표, 재고량, 장단기 금리차, 순교역 조건의 6개 지표로 이루어져 있습니다.

SK하이닉스의 역사적인 PBR 흐름과 OECD 경기선행지수를 비교해보았을 때도, 추세적인 측면에서 상관관계가 높음을 알 수 있습니다. 절대 수치로 주가의 고점을 판단하기보다 경기선행지수의 추세적 흐름이 상승에 있는지 하락에 있는지를 놓고 대입하면 업종의 주가흐름 파악이 좀 더 쉽습니다.

반도체업종은 OECD 경기선행지수와 함께 국제 D램 가격의 추이를 잘 관찰해야 합니다. 반도체업종이니 당연한 이야기라고 하겠습니다.

정제마진 : 정유업종

국내 정유사는 원유를 수입해 정제한 후 경유, 나프타, 휘발유와 같은 석유제품을 생산합니다. 원재료를 수입해서 제품을 만들기 때문에 제품판매 수익에서 원유 수입비와 정제 관련 비용을 빼게 되는데, 이를

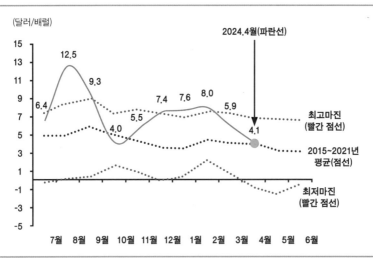

(달러/배럴)

2024.4월(파란선)

15
13   12.5
11   9.3
9   6.4
7   7.4 7.6 8.0
5   4.0 5.5   5.9
3   4.1
1
-1
-3
-5

7월 8월 9월 10월 11월 12월 1월 2월 3월 4월 5월 6월

최고마진
(빨간 점선)

2015~2021년
평균(점선)

최저마진
(빨간 점선)

〈그림 11〉 **시기별 정제마진**   출처: 유안타증권 리서치센터

'정제마진'이라고 합니다. 정유사 수익성의 바로미터가 정제마진인데
요, 우리나라에서 주로 기준으로 삼는 싱가폴 정제마진은 BEP(손익분
기점)가 4불 후반 정도입니다.

원재료를 더 싸게 가지고 오거나 제품을 만들 때 원가절감이 이루
어지면 기업 입장에서는 이윤이 더 남게 됩니다. 정제마진에 영향을
받는 정유업체들은 고도화 설비를 통해서 정제마진이 낮은 원재료를
활용해 제품을 만들어내는 수준까지 이르렀고, 상대적으로 더 비싼
제품에 대한 생산을 늘리면 정제마진이 증가하게 됩니다.

고도화 설비가 적용된 제품과 원유가격의 차이를 '복합 정제마진'이
라고 합니다. 유가가 올라가면 정유업체의 주가에 유리한 이유는 복합
정제마진은 원유와 시차를 두고 동행하는 특성이 있기 때문입니다.

① 우리나라 정유업종의 참고 가격지표는 '싱가폴 정제마진'

② 싱가폴 정제마진 기준 BEP는 배럴 당 4달러 후반 수준

③ 고도화 설비가 적용된 정제마진은 '복합 정제마진'

④ 복합 정제마진은 시차를 두고 유가와 동행하는 특성

제품가격 스프레드 : 화학업종

화학업종은 소재산업이라고 합니다. 원재료를 가공해 소재를 만들어 다음 단계의 제품을 만드는 기업에 납품합니다. 들여오는 원재료 가격과 납품하는 제품(소재) 가격의 차이를 '스프레드'라고 합니다(그림 12). 사용 원료에 따라 분해 방법이 다르기 때문에 개별 기업의 참고 스프레드는 차이가 있습니다. 유가가 하락해 있을 경우 제품의 원가 경쟁력이 발생하기 때문에 화학업종에는 유리한 경우가 많습니다.

유가 하락이 나타났을 때 단순히 외부요인의 영향이라면 일시적일 수 있으므로 수요와 공급의 논리를 따져봐야 합니다. 공급 측면에서 과잉이 발생해서 유가하락이 나타났다면 화학업종에는 유리합니다.

① 화학업종의 참고 가격지표는 '스프레드'입니다.

② 스프레드는 소재의 납품가격과 원재료 차이를 의미합니다.

③ 유가가 하락하면 화학업종은 원가 경쟁력이 발생합니다.

④ 외부요인으로 인한 유가 변화는 일시적이기 때문에 수요와 공급의 논리를 따져볼 필요가 있습니다.

HDPE-나프타 스프레드 추이 (롯데케미칼/대한유화)

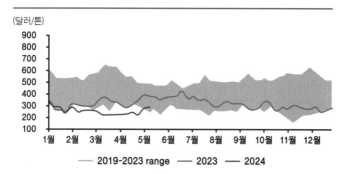

LLDPE-나프타 스프레드 추이 (롯데케미칼/대한유화/한화솔루션)

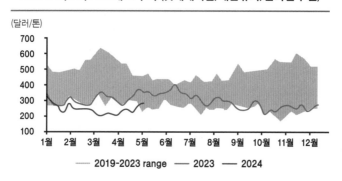

PVC-나프타 스프레드 추이 (LG화학/한화솔루션)

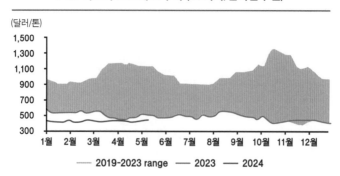

LDPE-나프타 스프레드 추이 (롯데케미칼/대한유화/한화솔루션)

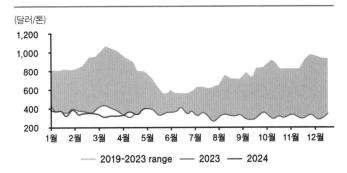

PP-나프타 스프레드 추이 (롯데케미칼/대한유화/효성화학)

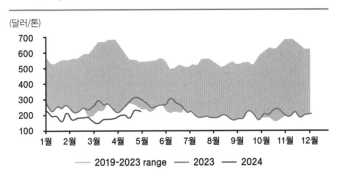

가성소다 가격 추이 (LG화학/한화솔루션/롯데정밀화학)

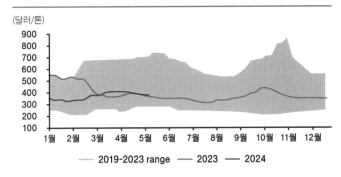

〈그림 12〉 화학제품 스프레드 차트

출처: 산업자료, 삼성증권

LG화학: 종합 스프레드

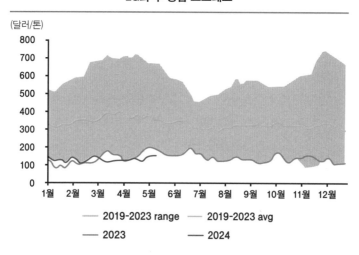

금호석유: 종합 스프레드

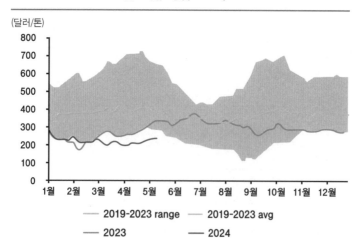

          2부 분석의 달인 이성웅의 텐배거, 주도주 매매법

롯데케미칼: 종합 스프레드

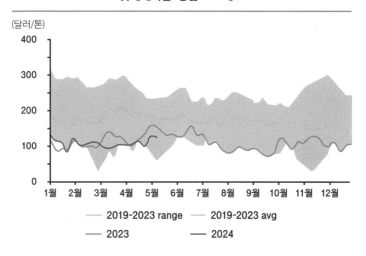

대한유화: 종합 스프레드

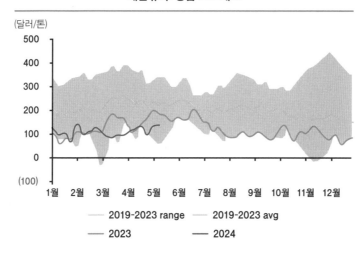

〈그림 13〉 **화학업체 종합 스프레드**   출처: 삼성증권

미국 도매의류 재고 : 의류 OEM업체

글로벌 의류 OEM업체는 미국 도매의류 재고와 주가 상관관계가 높습니다. 고객사들이 재고 해소 과정에 들어가면 OEM업체의 수주는 떨어지게 되고 실적으로 이어집니다. 고객사의 수주가 늘어나면 재고는 감소하고, OEM업체에 주문이 들어오게 되면서 실적은 증가합니다.

우리나라 의류 OEM업체 주식을 매매할 때는 첫째, 주요 매출이 발생하는 고객사의 재고 추이 둘째, 주가 상관관계가 높은 글로벌 의류 OEM업체의 밸류에이션 수준을 파악할 필요가 있고 이에 대한 공통 가격지표는 '미국 도매의류 재고'입니다.

미국 도매의류 재고액의 최근 10년 추이를 보았을 때 2022년 중반을 기점으로 감소추세에 있으며, YoY(전년대비 증감율) 데이터 추이를 보았을 때도 재고가 감소된 상황이라 OEM업체에게 주문과 실적 증가가 예상됩니다.

① 글로벌의류 OEM업체의 참고 가격지표는 '미국 도매의류 재고'입니다.
② 미국 도매의류 재고는 고객사의 수주에 영향을 받습니다.
③ 우리나라 의류 OEM업체 주식을 매매할 때는 글로벌의류 OEM업체의 밸류에이션 수준을 고려할 필요가 있습니다.
④ 최근 가격지표 데이터는 재고수준이 낮아진 상황이라 OEM업체에 유리합니다.

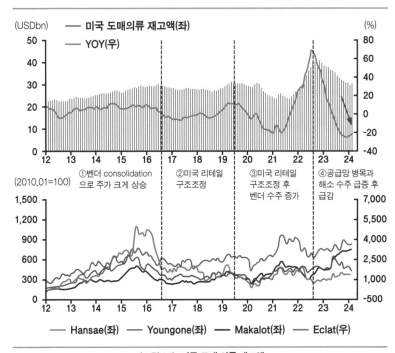

〈그림 14〉 **미국 도매 의류 재고액**

출처: US Census, Bloomberg, 대신증권 Recearch Center

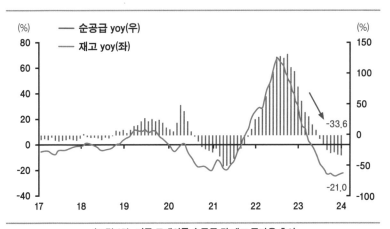

〈그림 15〉 **미국 도매의류 순공급 및 재고 증가율 추이**

출처: US Census, 대신증권 Recearch Center

4.

미국증시와 연동하는
주도주 사례

국내외 주식의 상관관계

종목을 바라볼 때 '상관관계'라는 통계적 지표를 많이 들어보셨을 겁니다. 예를 들어 "삼성전자의 주가 흐름은 D램 선물가격 추이와 상관관계가 높다"라고 분석된다면 시장 참여자들은 D램 선물가격 추이를 보면서 삼성전자의 주식 매매가 가능하다는 것입니다. 이와 같이 글로벌기업과 국내기업의 주가 흐름도 상관관계가 높은 경우가 존재하고, 이 부분을 활용해서 매매에 대입하는 것도 하나의 방법입니다.

하나의 업종 안에서는 수많은 기업이 참여해 있고, 시장점유율이 나뉘어져 있습니다. 시장점유율 상위에 선 업체는 '선도업체'라고 일컬어지고 선도업체의 주가 흐름은 후발업체의 바로미터가 됩니다.

시장점유율을 활용하여 글로벌기업과 국내기업을 비교한다면, 시장점유율 상위 기업의 주가가 강할 경우에는 유사한 업종의 국내기업의 경우를 찾아 접근하면 됩니다.

신재생 에너지 사업이 부각될 때 태양광 업종을 주목하던 시장 참여자들은 미국의 퍼스트솔라, 중국의 다초에너지의 주가 추이를 체크하면서 우리나라의 OCI나 현대에너지솔루션, 한화솔루션을 매매했던 사례도 있고, 최근 엔비디아의 주가 흐름에 우리나라 삼성전자, SK하이닉스가 영향을 받는 사례도 이에 속한다고 하겠습니다.

다음으로는 매출처가 연결되어 있는 글로벌기업과 국내기업의 사례를 보겠습니다.

테슬라는 2차전지 관련 모델 시리즈를 만들어 오고 있고 기가팩토리 적용을 통해서 배터리 부분을 해결하고 있는데, 매출처가 연결된 국내기업으로는 '엘앤에프'라는 업체가 있습니다. 테슬라의 주가가 강한 경우에는 2차전지 업종의 주가가 함께 영향을 받지만, 상관관계가 가장 높은 종목은 엘앤에프로 단순히 업종을 바스켓으로 접근하기보다는 상관관계가 가장 높은 종목을 찾아서 접근하는 것이 효율성을 높일 수 있습니다.

엔비디아의 실적 증대와 주가상승은 챗ChatGPT의 출현, 가속기의 개발과 판매로 시작되었고, 이를 중심으로 실적에 대한 익스포저 exposure가 가장 커질 수 있는 기업을 찾아서 먼저 매매하는 것이 방법이라고 할 수 있습니다. 우리나라 기업 중 고다층 기판Multi-Layer Board, MLB 세계 1위인 이수페타시스라는 기업이 있습니다. 그러면 엔비디아의 주가 흐름과 이수페타시스의 주가 흐름의 상관관계는 높아지게 되고, 매매가 가능한 종목으로 엮이게 됩니다.

미국의 신고가종목과 한국의 주도주

주식시장에는 신고가 종목이 존재합니다. 우리나라에서는 60일 신고가, 120일 신고가, 200일 신고가와 같이 주로 이동평균선을 놓고 신고가 종목을 도출합니다. 해외시장에서도 신고가 종목은 발생하는데 이동평균선보다는 1년, 5년을 기준으로 신고가 종목을 파악하는 경우가 많습니다.

미국 증시와 연동하는 주도주 사례를 살펴보겠습니다. 미국 증시에서 1년, 5년의 신고가를 기록한 종목과 제품 생산단계에서 밸류체인에 포함된 기업은 주가의 상관관계가 높아집니다.

예를 들어 가속기를 만드는 엔비디아는 대만의 TSMC에 생산을 위탁하는데 TSMC는 우리나라 기업에서 HBM(고대역폭메모리)을 납품받아 가속기를 만들어냅니다. 제품의 생산단계에서 엔비디아, TSMC, 우리나라의 HBM 제조업체가 하나의 밸류체인으로 묶일 수 있고, 이에 속한 기업들의 주가는 상관관계가 높아집니다. 엔비디아 주가에서 신고가가 발생했다고 하면 TSMC와 우리나라 HBM 제조사의 주가가 상승세를 나타내는 것은 그 결과라고 할 수 있습니다.

앞서 살펴본 업종별 주요 가격지표의 활용도 미국 증시와 연동하는 주도주 사례라고 할 수 있습니다. 업종별 가격지표의 하나로 언급된 미국 도매의류 데이터를 예로 들면 글로벌 의류 OEM업체 및 고객사의 주가에서 신고가가 나타날 경우 우리나라 OEM업체 및 고객사 납품업체의 주가는 강세를 보일 확률이 높습니다.

기간별로는 미국시장에서 1년 신고가가 1달 이상 지속되는 경우 우리나라에서도 주도주로 등극되는 경우가 많았고, 1년 신고가보다는

5년 신고가의 경우 주도주 등극의 강도는 더욱 강했습니다.

① 미국시장에서 1년, 5년 단위로 신고가 종목을 파악합니다.
② 제품의 생산단계에서 밸류체인에 포함된 기업은 주가 상관관계가 높습니다.
③ 업종별 주요 가격지표의 활용도 주도주 등극과 연관될 수 있습니다.
④ 1년 신고가가 한 달 이상 지속되면 우리나라에서도 주도주 등극 확률이 높아집니다.
⑤ 1년 신고가보다는 5년 신고가에서 주도주 등극 강도는 더 강했습니다.

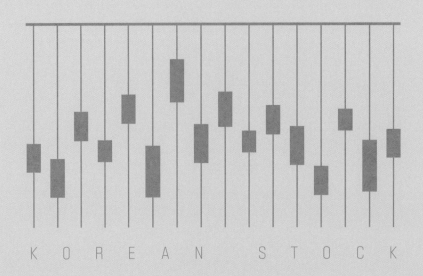

K O R E A N   S T O C K

3장

주도주, 언제 팔 것인가?

T R A D I N G   M E T H O D

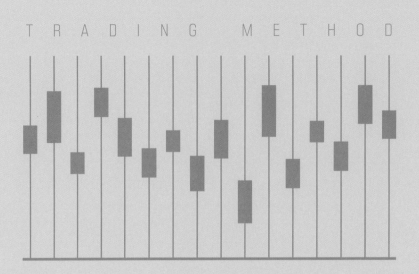

1.

반복된 패턴의
사례들

주식투자를 하다 보면 수익을 보다가도 제자리에 오는 경우가 허다하고, 매수를 했다 하면 손실을 보는 경우도 다반사입니다. 손절이 생명이라고들 하지만 반복된 손절은 가랑비에 옷 젖는 것처럼 계좌에 손실이 쌓여가게 하고, 그걸 보는 게 두려워 방치하는 경우까지 가게 됩니다. 수익을 보고 있는 경우에도 주식을 언제 팔아서 수익을 확정지을지, 혹시 때를 놓치지는 않을지 항상 불안합니다.

결국 기준을 세우는 것이 방법인데 여기서는 '반복된 패턴'을 보면서 함께 기준을 세워보도록 하겠습니다.

10배가 올랐다면 1년 내 하락이 온다

텐배거10 vagger라고 일컫는 10배가 상승한 종목들은 주도업종 안에서 발생합니다. 10배가 상승하는 업종을 찾고 매수했다면 언제 팔아서 수익을 확정지을지 궁금합니다. 과거 사례를 보면 주가상승률이 10배를 상회한 경우 평균 52주 내로 수익률이 마이너스로 전환되었습니다.

이 의미는 특정 종목의 주가가 10배 상승하고 나서 1년 안에는 10배 이하로 하락한 경우가 대부분이었다는 뜻입니다. 10배를 상회한 종목의 경우, 이후 1년은 주가 흐름이 휴식기에 돌입할 수 있기에 1년 이내 매도 후 재매수의 경우도 1년 이내에는 유보해야 합니다.

12개월 선행 PBR이 15배를 넘으면?

주도업종에 속한 종목을 포트폴리오에 편입했더라도 실적 추이를 놓고 어느 정도에서 매도해야 할지 접근이 어렵습니다. 실적 발표가 예상치를 상회했는데 주가가 하락하는 경우도 다반사이고, 실적 발표가 예상치를 하회해서 매도를 했는데 주가가 오르는 경우에는 화가 치밀어 오르기도 합니다.

우리는 앞서 역사적인 밸류 흐름을 PER, PBR 지표를 통해서 살펴보았습니다. 이제 이러한 지표를 활용한 주가의 고점 도출을 살펴보겠습니다.

12개월 선행 PBR이 15배에 도달한 종목은 2007~2023년까지 에코프로, 에코프로비엠 등 총 23개였는데, 12개월 선행 PBR 15배 도달 후 1년간 주가 등락율은 평균적으로 하락하는 특성이 있었습니다.

선행실적을 대입하는 이유는 이미 PBR이 2배 이상 상승한 주식의 경우는 미래 실적 추정치를 주가에 반영하는 특성이 있기 때문입니다. 15배가 기준이 된 이유는 주도주 성격을 가진 종목 중 PBR 3배, 5배, 10배 수준에서는 추가로 주가가 상승하는 현상도 나타났기 때문입니다.

2부 분석의 달인 이성웅의 텐배거, 주도주 매매법

여기에서 알 수 있는 것은 주가는 12개월 선행 PBR이 15배 도달한 이후로는 하락하는 성질이 있고, 실적 추정치의 하향까지 나타나면 주가의 하락폭은 평균보다 클 수 있기에 차익실현을 검토하는 것이 낫다는 결론입니다.

주도주는 2~5년 주기로 교체된다

실적 전망은 시간에 따라 변하고, 긍정적인 전망에서 부정적인 전망으로 순환하게 됩니다. 이익 예상치 변화는 저점과 고점을 순환하는 사이클을 가지고 주기성을 보입니다. 즉, 현재 실적 예상치가 긍정적이라고 해도 무한히 지속되지는 않는다는 것입니다.

이러한 부분을 통해 우리나라 주식시장의 시계열 특성을 찾아보면 최근 20년간 우리나라 주도주는 약 2~5년 주기로 교체되어 왔습니다. 주도주 흐름이 2~5년 정도의 순환을 보이는 주된 요인은 산업별 업황 사이클과 함께 이익전망의 순환 변화가 핵심입니다.

주도업종은 주도력의 상실 이후 첫해에는 주가 부진이 지속되었으며, 다음해는 중간 수준으로 복귀하는 패턴이 반복되어 왔습니다. 기간으로는 4년 연속 주도력을 보이면, 5~6년차는 평균적으로 주가가 하락했으며 하락 확률은 60%대로 나타났습니다.

2023년은 2차전지가 우리나라의 주도업종이었고, 2024년은 IT업종이 사이클상으로 주도업종인 상황인데요, 과거의 패턴을 보았을 때는 2차전지 업종이 2025년 회복 가능성이 있고, 중간 수준으로 복귀하는 패턴이 나타날 가능성이 높습니다.

비싸질 때 팔아라, 실적 고점의 사례들

고심을 거쳐 매수한 주식의 매도 타이밍은 잡기가 더 힘듭니다. 수익이 나고 있음에도 불구하고 언제 팔아야 할지 행복한 고민을 하게 됩니다. "무릎에 사서 어깨에 팔아라"라는 증시 격언도 있지만, 여기가 어깨인지 아니면 배꼽 정도인지 파악이 잘 되지 않습니다.

그래서 기준이 중요한데요, 비싸진다는 것의 관점을 종목의 사례를 통해서 살펴보겠습니다. 둘 다 공통적으로 실적 대비 시가총액이 비싸졌을 때 파는 사례입니다.

네이버

네이버의 주가 흐름은 2019년 6월을 기점으로 약 2년의 상승기를 이어간 후 2021년 7월 조정세가 나타났습니다.

2019년을 기점으로 PER 밴드가 30배를 저점으로 상향되기 시작했고, 40배를 돌파하는 박스권 흐름이 나타났습니다. 이러한 흐름이 나타나는 경우는 ① 매출 볼륨과 영업이익이 비례해서 증가 ② 신사업의 추진을 통해 정체되었던 실적이 증대될 것이라는 기대감 ③ 구조조정을 통한 사업 효율화 등이 있는데, 네이버의 경우는 ①과 ②가 복합적으로 작용한 사례입니다. 서프라이즈라고 일컫는 긍정적인 실적 발표가 되고,

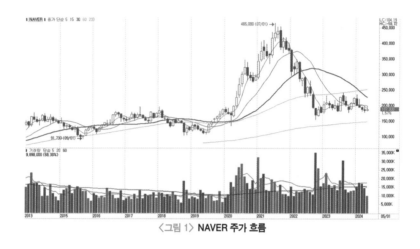

〈그림 1〉 NAVER 주가 흐름

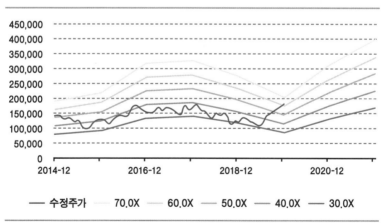

〈그림 2〉 네이버 PER 밴드　　　　　　　　출처: Company Data, Leading Research Center

이 실적의 지속성이 있다면 그리고 본업 외에 실적 증가에 기여할 수 있는 신사업을 진행한다면 주가는 오른다는 것을 보여주는 사례입니다.

실적 부분은 1,300억 원대를 유지했던 분기 매출이 2018년 4분기와 2019년으로 넘어가면서 1,500억 원대를 넘어서기 시작했습니다.

외형에서 매출 비중이 높은 사업의 실적 변화를 주목할 필요가 있습니다. 비즈니스 플랫폼과 LINE 및 기타 플랫폼이 전년 대비 10% 중반 이상 성장했습니다. 네이버 페이 결제액의 증가 및 웹툰 서비스의 MAU(월간 활성 사용자)가 북미 900만 명, 글로벌 6,000만 명을 돌파하면서 전년 동기 대비 60% 이상의 매출 증가가 나타났습니다.

코로나19를 거치면서 비대면 사업구조를 가진 기업들은 생활방식 변화의 영향을 긍정적으로 받게 되었고, 매출 볼륨은 분기 1조 원대까지 늘어나게 됩니다. 영업 이익률은 2019년 10%대에서 2020년 20%대로 성장합니다.

성공적인 사업 다각화 및 코로나19로 인한 환경변화에 힘입은 이러한 성장세는 약 2년 만에 조정국면을 맞게 됩니다.

2021년 들어 미국에서는 플랫폼 사업에 대한 포괄적인 규제 고려가 나타납니다. 우리나라도 국정감사에서 모빌리티 및 웹툰, 웹소설의 적정 수익성에 대한 논의가 확산되면서 규제 가능성이 대두됩니다.

이와 겹쳐 미국 인터넷 기업의 PER 비율은 평균 30배 정도인 반면 네이버의 경우는 35배를 상회하는 흐름이 나타남과 함께 톡비즈 사업, 플랫폼, 콘텐츠 사업의 실적이 정체되면서 연간 매출액 및 성장률이 꺾이게 되었습니다. 그와 함께 주가는 2021년 7월 기점으로 조정세가 나타나기 시작했고, 하락추세는 2024년까지 이어지게 되었습니다.

(십억원)	1Q18	2Q18	3Q18	4Q18	1Q19	2Q19	3Q19	4Q19	2018F	2019F	2020F
매출액	1,309	1,364	1,398	1,517	1,511	1,630	1,665	1,782	5,587	6,588	7,436
QoQ	3.4%	4.2%	2.5%	8.5%	-0.4%	7.9%	2.1%	7.0%			
YoY	21.0%	20.7%	16.4%	19.8%	15.4%	19.6%	19.1%	17.5%	19.4%	17.9%	12.9%
광고	133	149	136	155	142	167	153	171	573	632	664
비즈니스플랫폼	593	612	613	659	669	716	719	757	2,476	2,862	3,291
IT플랫폼	73	86	91	106	99	106	116	121	355	443	549
콘텐츠서비스	30	32	33	32	35	50	55	56	127	196	235
LINE및기타플랫폼	481	486	524	565	565	592	622	676	2,056	2,455	2,697
영업이익	257	251	222	213	206	128	202	230	943	767	1,201
OPM	19.6%	18.4%	15.9%	14.1%	13.7%	7.9%	12.1%	12.9%	16.9%	11.6%	16.2%
세전이익	256	388	187	281	190	110	180	229	1,112	812	1,238
QoQ	-2.7%	51.9%	-51.9%	50.3%	-32.4%	-41.8%	63.1%	26.8%			
YoY	-11.6%	-12.1%	-29.0%	6.8%	-19.7%	-48.8%	-8.8%	7.8%	-20.1%	-18.7%	56.7%
순이익(지배)	165	264	99	120	130	79	125	165	649	499	810
NIM	12.6%	19.4%	7.1%	7.9%	8.6%	4.9%	7.5%	9.2%	11.6%	7.6%	10.9%
QoQ	-8.3%	59.9%	-62.5%	21.7%	7.7%	-38.9%	58.3%	31.2%			
YoY	-19.6%	52.6%	-53.8%	-33.2%	-21.5%	-70.0%	26.7%	36.7%	-16.1%	-23.1%	62.4%

네이버 재무구조

(억원, %)	1Q20	2Q20	3Q20	4Q20	1Q21	2Q21E	3Q21E	4Q21E	1Q22E	2Q22E	3Q22E	4Q22E
매출액	11,547	12,760	13,608	15,126	14,991	16,227	16,316	17,938	17,774	19,106	19,095	20,880
서치플랫폼	6,447	6,782	7,101	7,702	7,527	7,948	7,916	8,540	8,258	8,658	8,483	9,125
검색	5,196	5,276	5,420	5,654	5,697	5,839	5,909	6,181	6,089	6,210	6,136	6,394
디스플레이	1,251	1,505	1,481	2,048	1,830	2,108	2,007	2,385	2,170	2,447	2,347	2,732
커머스	2,312	2,562	2,854	3,168	3,244	3,487	3,341	3,658	3,797	4,055	3,909	4,234
핀테크	1,376	1,647	1,740	2,011	2,095	2,321	2,437	2,783	2,884	3,163	3,306	3,752
콘텐츠	934	1,129	1,150	1,389	1,308	1,511	1,544	1,772	1,698	1,927	1,962	2,207
클라우드	477	641	763	856	817	960	1,077	1,185	1,137	1,302	1,435	1,561
영업비용	8,629	9,680	10,691	11,889	12,103	12,658	13,076	14,170	14,171	14,934	15,315	16,508
개발/운영	2,829	2,897	3,117	3,124	3,743	3,462	3,687	3,827	4,076	4,015	4,256	4,401
파트너	3,772	4,275	4,570	5,349	5,100	5,712	5,759	6,350	6,221	6,783	6,798	7,454
인프라	1,109	1,361	1,448	1,579	1,550	1,666	1,753	1,893	1,865	1,939	2,027	2,168
마케팅	919	1,147	1,556	1,83.7	1,710	1,817	1,876	2,099	2,009	2,197	2,234	2,485
영업이익	2,918	3,081	2,917	3,238	2,888	3,569	3,240	3,769	3,604	4,172	3,781	4,372
영업이익률(%)	25.3	24.1	21.4	21.4	19.3	22.0	19.9	21.0	20.3	21.8	19.8	20.9
순이익	1,349	907	2,353	3,841	153,145	3,148	3,091	3,945	3,831	3,673	3,542	4,293
순이익률(%)	11.7	7.1	17.3	25.4	1,021.6	19.4	18.9	22.0	21.6	19.2	18.5	20.6

네이버사 연별 매출 영업이익

2부 분석의 달인 이성웅의 텐배거, 주도주 매매법

아모레퍼시픽

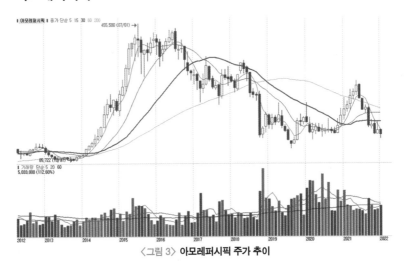

〈그림 3〉 **아모레퍼시픽 주가 추이**

해외시장 개척을 통해 실적과 주가를 함께 끌어올렸으나 외부적인 변수로 조정을 맞게 된 사례입니다.

2014년 호텔신라가 창이공항에 면세점을 내면서 중국인 인지도가 높은 아모레퍼시픽의 실적 증대도 기대되었습니다. 당시는 중국의 해외 구매대행, 온라인 전자무역 등이 확대되고 있던 시점이었습니다.

당시 아모레퍼시픽은 매출액 비중이 높은 방판 채널의 영업실적에 따라 주가 부침이 심했는데, 면세점과 온라인 채널의 성장세가 나타나면서 2014년 1분기 매출액 8,756억 원, 영업이익 1,546억 원, 영업이익률 17.7%라는 성장세를 보였습니다.

	2012	1Q13	2Q13	3Q13	4Q13	2013	1Q14F
매출액	28,495	8,038	7,990	7,928	7,048	31,004	8,756
증가율(% YoY)	11.5%	8.4%	9.9%	8.1%	8.8%	8.8%	8.9%
매출원가	8,472	2,345	2,300	2,465	2,008	9,118	2,539
증가율(% YoY)	9.4%	10.2%	11.7%	7.6%	0.7%	7.6%	8.3%
매출원가율(%)	29.7%	29.2%	28.8%	31.1%	28.5%	29.4%	29.0%
매출총이익	20,023	5,693	5,690	5,463	5,040	21,886	6,217
증가율(% YoY)	12.5%	7.7%	9.3%	8.3%	12.4%	9.3%	9.2%
매출총이익률(%)	70.3%	70.8%	71.2%	68.9%	71.5%	70.6%	71.0%
판관비	16,369	4,291	4,743	4,608	4,546	18,188	4,671
증가율(% YoY)	16.3%	13.5%	12.3%	11.3%	7.6%	11.1%	8.9%
판관비중(%)	57.4%	53.4%	59.4%	58.1%	64.5%	58.7%	53.3%
Personnel(인건비)	2,971	786	847	843	782	3,259	865
증가율(% YoY)	25.5%	8.9%	18.1%	5.8%	6.5%	9.7%	10.0%
매출대비(%)	10.4%	9.8%	10.6%	10.6%	11.1%	10.5%	9.9%
A&P(광고판촉비)	3,990	995	1,172	933	785	3,885	995
증가율(% YoY)	12.5%	13.8%	5.4%	-3.5%	-24.3%	-2.6%	0.0%
매출대비(%)	14.0%	12.4%	14.7%	11.8%	11.1%	12.5%	11.4%
Commission	5,704	1,501	1,610	1,675	1,737	6,523	1,681
증가율(% YoY)	16.8%	12.4%	10.7%	17.7%	16.4%	14.4%	12.0%
매출대비(%)	20.0%	18.7%	20.2%	21.1%	24.6%	21.0%	19.2%
기타	3,705	1,009	1,114	1,157	1,242	4,522	1,130
증가율(% YoY)	13.2%	18.7%	18.4%	21.5%	29.1%	22.1%	12.0%
영업이익	3,653	1,402	947	856	494	3,698	1,546
증가율(% YoY)	-2.0%	-6.9%	-3.8%	-5.3%	90.7%	1.2%	10.3%
영업이익률(%)	12.8%	17.4%	11.9%	10.8%	7.0%	11.9%	17.7%

아모레퍼시픽 재무구조

중국인 관광객 확대로 3년간 방한 중국인의 화장품과 향수 지출
액은 연평균 74% 증가했습니다. 중·일 영토분쟁에 따른 일본여행 대
체수요와 위안화 강세, 한류 및 K뷰티 확산 등이 겹친 결과였습니다.

2부 분석의 달인 이성웅의 텐배거, 주도주 매매법

	1Q15	2Q15	3Q15	4Q15	1Q16	2Q16P
매출액	1,204	1,195	1,141	1,226	1,485	1,443
국내	935	918	828	878	1,085	1,039
화장품	796	806	679	785	944	927
생활용품	139	112	149	93	142	112
해외	269	278	313	348	400	405
아시아	252	260	292	339	379	388
유럽	17	15	17	18	15	17
북미	11	10	13	14	14	13
조정	(11)	(7)	(8)	(23)	(8)	(13)
영업이익	278	208	163	123	338	241
OPM(%)	23.1	17.4	14.3	10.1	22.7	16.7
세전이익	281	213	177	107	346	240
법인세비용	70	51	35	37	83	47
법인세율(%)	24.8	24.0	19.8	34.9	24.0	19.6
당기순이익	211	161	142	70	263	193

아모레퍼시픽 국내, 해외 매출구조

　　우리나라 화장품업종의 황금기였다고 평가되는 2015년을 지나면서 주가는 조정의 조짐이 나타납니다. 그해 6월 화장품업종의 주가 변동성이 커졌고, 메르스 여파로 중국인 관광객이 감소하기 시작합니다. 이에 따른 실적 부진 및 주가 훼손 우려에도 불구하고 2016년 2분기까지는 주가상승세가 유지되었으나 이 시점부터 실적 변화가 나타나기 시작합니다. 메르스 여파에 이어 중국과 대만의 갈등으로 여행 제한이 확대되고 면세 채널 판매수량 제한, 중국인 입국 감소, 중국 내 고급 화장품 소비세 인하로 인한 면세점 매력도 저하 등이 겹치면서 더욱 가파른 조정국면이 펼쳐집니다.

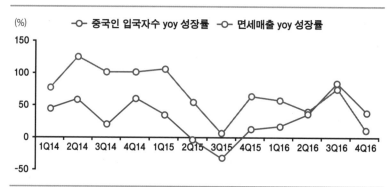

(%)

─○─ 중국인 입국자수 yoy 성장률   ─○─ 면세매출 yoy 성장률

〈그림 4〉 **중국인 입국자수와 아모레퍼시픽 면세매출 성장률 비교**
출처: 한국관광공사, 아모레퍼시픽, LIG투자증권

실적기여도가 높았던 데이터가 피크에서 꺾이게 되면서 실적 부진
과 주가 부진이 함께 이어진 사례입니다.

매수 시점과 다른 흐름이 발생할 때 팔아라

우리는 계좌에 종목을 편입할 때 각자의 기준에 따라 종목을 바라봅니다. 이익 대비 시가총액에 가중치를 두는 투자자들은 예상된 이익에 비해 주가가 쌀 때 또는 주가가 비싸질 것 같을 때 편입합니다. 반면 기술적인 측면에 가중치를 두는 투자자들은 추세 하단, 이격 과다, 지지 및 저항 등을 대입해서 기준에 부합할 때 종목을 편입합니다.

편입 이후 매도에 대해서도 저마다 기준은 있는데, 주식시장에는 변수라는 것이 존재합니다. 중대한 변수가 발생했을 때는 예상했던 것과는 다르게 주가가 흘러갑니다. 사례를 통해 대응 방안을 살펴보도록 하겠습니다.

아이센스

아이센스는 실적 증대보다는 기대되는 모멘텀이 현실화되었을 때 주가상승 여력이 클 수 있다고 판단하여 관심을 가진 종목입니다. 혈당측정기 부문 매출 비중이 약 80%를 차지하며 우리나라 시장점유율 1위 기업입니다.

그동안 소외되었던 주가는 2023년 6월부터 시장에서 관심받기 시작했는데, 이는 1형 당뇨환자를 대상으로 한 연속혈당측정기를 2023년 하반기에 출시할 예정이었기 때문입니다. 연속혈당측정기 출시가 기대되는 모멘텀이었던 것은 우리나라의 30세 이상 당뇨환자가 600만 명을 넘어서고, 1형 당뇨환자들은 하루 8번 인슐린 투여를 해야 하기 때문이었습니다. 시장규모도 2022년 8조 원에서 2029년 30조 원까지 성장할 것으로 기대되었습니다.

제품은 예정대로 출시되었고, 경쟁업체와 달리 하루 한 번 혈당값을 보정해야 하는 불편함이 있었지만, 경쟁사 대비 연간 20만 원 이상 저렴하다는 장점이 있어 모멘텀은 훼손되지 않았다고 판단했습니다. 그러나 제품이 출시되고 시장에서 대체재가 부각될 경우 모멘텀은 사그라들게 되고, 시장에서 관심을 가졌던 투자자들은 이탈하게 되면서 주가는 하락을 나타나게 됩니다.

제품의 효능은 확인되었지만, 이제는 실적에 대한 기여가 나타나는지가 중요한 상황입니다. 아이센스는 2024년 영업이익을 300억 원 정도로 예상했지만 160억 원으로 공시합니다. 제품 출시 이전 해당 제품에 관한 기대감은 먼저 주가에 반영되며 출시 이후 모멘텀이 현실화되는 것은 판매를 통한 실적으로 보여주는 것이었습니다. 그러나 실적에 대한 발표가 시장의 기대치를 밑돌면서 변수가 발생하게 된 것입니다. 이에 따라 매도에 대한 대응이 필요했습니다.

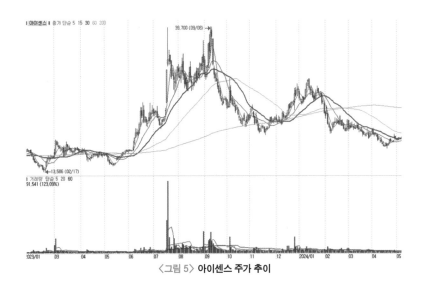

〈그림 5〉 아이센스 주가 추이

　　우리가 특정 주식의 매수 시점에 초점을 맞추었던 부분에서 결함
이 발생하면 우리의 포트폴리오에서 해당 종목에 관한 조정을 하는
것은 필수적입니다. 특히 실적 연결의 불투명성은 모멘텀을 훼손하는
가장 커다란 변수임을 보여준 사례입니다.

감성코퍼레이션

주식을 하려면 트렌드에 민감해야 한다고들 합니다. 특히 소비재는 제
품이 대중의 인기를 얻을 때 주가가 강한 특성을 보입니다. 소비재 주
식을 매수할 때 고려해야 할 점은 다음과 같습니다.

　　첫째, 빠른 트렌드 체크를 통해 새로운 제품이 시장에 침투하는 단
계에서 접근하는 경우가 있습니다. 예를 들면 음료수 소비가 탄산음
료에서 제로 탄산음료로 넘어오는 상황에서는 기존에 제로 탄산음료

를 만들지 않다가 신제품으로 만드는 기업이나, 또는 탄산음료에서 제로 탄산음료로 생산을 빠르게 전환해서 시장점유율을 확보해 가는 기업에서 주가상승이 가장 강하게 나타납니다. 이러한 경우는 대체재가 탄생할 때는 실적추정치가 하락하고 주가 또한 제자리를 찾게 됩니다.

제로 탄산음료의 대체재로는 에너지 음료가 있으며, 에너지 음료 글로벌 1위 기업인 셀시어스는 2023년 미국시장에서 강세를 나타낸 주식 중 하나이기도 합니다.

둘째, 제품을 판매할 수 있는 지역군의 확대입니다. 예를 들면 우리나라에서만 제품을 판매하던 의류업체가 소비여력이 더 높은 국가에 판매를 시작할 경우 매출 볼륨에 대한 기대로 주가는 상승합니다. 실제 판매실적이 확인되고, 영업이익률이 증가하면 멀티플 확장까지 추가됩니다.

첫째와 둘째가 혼합되어 부각된 기업이 감성코퍼레이션입니다.

캠핑 인구는 2019년 538만 명에서 2021년 700만 명으로 2년 사이 17% 성장했고, 국내 캠핑시장의 규모도 6조 원대로 집계되었습니다. 캠핑장 증가폭은 코로나19 첫해인 2020년 167개에서 2021년 339개, 2022년 407개, 2023년 467개로 계속 커지는 추세가 나타났으며, 이제 국내 캠핑족은 500만 명이 넘은 상황입니다.

코로나19가 불러온 소비형태의 변화가 코로나19 이후에도 지속되었으므로 스노우피크 브랜드를 이용하여 캠핑용품을 판매하는 감성코퍼레이션을 살펴보기 시작했습니다.

등산에 치우쳤던 아웃도어 영역이 확장되면서 스노우피크 어패럴의 의류 부문 매출액은 2020년 55억 원에서 2021년 358억 원으로 증가했으며, 2022년에는 971억 원을 기록하였습니다.

2023년 기준 예상 영업이익 추정치는 200억 원 이상으로 예상되었으며, 거래되는 시가총액은 2,000억 원 수준이었습니다. 이에 따라 국내 대리점 수 확장이나 판매 매출의 확대가 더해질 때 주가의 선행성이 나타날 것으로 보였습니다. 특히 해외 진출이 진행될 경우 멀티플의 확장으로 주가의 상승이 강하게 나타날 수 있는 수준이었기에 관심을 가지고 살펴보았습니다.

〈그림 6〉 감성코퍼레이션 주가 추이

분기별 실적 발표 때마다 예상치를 상회하는 실적을 계속 냈지만, 2023년 7월 4,940원의 주가 고점 형성 후 가격조정이 나오기 시작했습니다.

중국 진출에 대한 모멘텀이 출점을 통해 현실화된 상황에서 중국

경기에 대한 불안감으로 인해 시장에서는 멀티플 부여를 주저하게 되었습니다. 이로 인해 상대적으로 시장에서 할증을 부여할 업종들로 수급이 쏠리면서 가격조정이 추가로 나타나게 되었습니다.

여기서 시장 참여자들은 해당 기업의 이익 대비 시가총액에 멀티플을 어느 수준으로 할지 고민에 빠지게 됩니다. 첫째는 해외 출점에 대한 고려 없이 국내 이익만으로 밸류에이션을 도출하는 것입니다. 이 경우 성장 정체가 나타날 때 주가하락이 가파를 수 있기에 출점한 해외의 경기상황 회복을 체크하고 다시금 매수를 하는 방안입니다.

둘째는 본업의 훼손이 나타나지 않는 상황, 즉 실적 성장이 유지되고 있는 상황입니다. 이때 해외 출점의 멀티플 부분을 고려하지 않고, 국내 사업만큼의 실적 체력으로 평가절하되는 주가 수준이 나타날 때 추가 매수를 하는 방안입니다. 과거 이와 유사한 사례를 보았을 때는 본업의 성장 모멘텀의 훼손이 없는 상황에서 외부변수인 시장요인이나 수급 요인으로 가격조정이 나타났을 때는 추가 매수에 대한 대응이 유리했음을 열어둡니다.

다만 여기서 데이터를 보는 시장 참여자들은 캠핑 인구가 꺾일 때 또는 분기, 연간 실적 상승이 둔화될 때 매도할 수 있음을 기억해야 하며, 실적성장 추이의 훼손이 나타나는지를 살펴보면 됩니다.

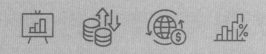

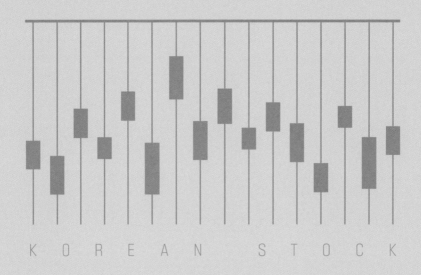

4장

차기 주도주의 탄생은
어떻게 시작될 것인가?

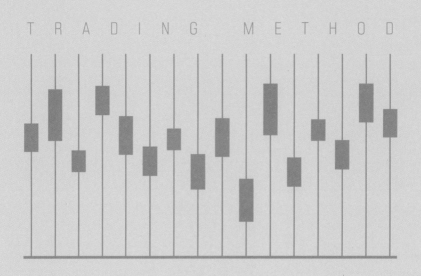

1.

시설투자가
선행요건

우리는 주도주 등극의 환경과 사례들, 매수 및 매도를 할 때 참고해야 할 가격 지표와 타이밍에 대해 살펴보았습니다.

과거 사례가 동일하게 반복되지는 않겠지만, 공통되는 부분을 적용한다면 우리는 수익에 가까워질 수 있다고 확신합니다. 과거 경제위기가 있었을 때는 글로벌 공조를 통해 위기의 절정에서 협력을 통해 문제를 풀어왔다면, 최근에는 신냉전 시대라고 할 정도로 미국과 중국 간 규제 전쟁이 치열한 상황입니다.

이러한 상황에서 신재생에너지업종, 변압기 및 전선업종의 경우는 시설투자 단행이 우리나라뿐만 아니라 국제적으로 진행되고 있으며, 정책에 대해서도 우호적이기 때문에 주도업종으로 등극할 가능성이 높습니다. 2000년 중반에는 경기민감주의 경우 철강업종과 화학업종이 시설투자 증가와 함께 주가상승을 경험했으며, 그 주기는 5년 정도 지속되었습니다.

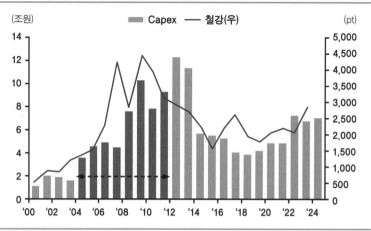

〈그림 1〉 **철강업종 Capex 투자와 주가: 주가 정점 ≒ 투자 정점**
출처: Fnguide, 메리츠증권 리서치센터

2차전지업종 또한 2010년부터의 시설투자 증가, 그리고 2017년부터 다시 나타난 시설투자 증가로 인해 주가상승이 시작되었습니다.

최근 시설투자가 단행되고, 공급과 수요의 갭이 아직 남아있는 업종으로는 전력설비업종이 대표적입니다. 이 중에서도 진입장벽의 강도를 따져본다면 고압 변압기, 원전, ESS는 시설투자가 단행되는 업종 중 주도주군에 포함되어 시세 지속성이 나타날 가능성이 높습니다.

공급보다 수요가 더 강한 상황에서 공급을 늘릴 수 있는 시설투자의 기간이 1년 이상 걸린다고 하면 수요 과잉 상황은 지속될 것이고, 가격을 결정할 수 있는 힘은 공급자가 가질 수 있습니다. 그러면 수요자가 원하는 낮은 가격대의 수주는 공급자가 배제할 수 있게 되고, 선별적으로 받은 수주는 평균보다 단가가 높아서 기업의 실적 상승으로 나타나게 됩니다. 평균보다 수요와 공급의 강도가 강하게 벌어지는 상황을 체크해야 하는 이유이기도 합니다.

과거 IT업종의 시설투자와 함께 나타난 주가흐름 추이를 연결해서 생각해 보면, 이번 AI로 촉발된 반도체 사이클도 시작이 2023년 5월이므로 2025년 5월까지는 지속될 수 있습니다.

다만 이 과정에서 엔비디아의 가속기를 대체할 수 있는 수단의 시장 출현으로 시장점유율의 나눠먹기 형태가 나타나거나, 고대역폭 메모리라고 일컫는 HBM 안에서도 현재 납품업체의 독점지위를 위협하는 장비가 등장할 경우 단가하락과 더불어 관련 기업들의 주가는 하락하게 됩니다.

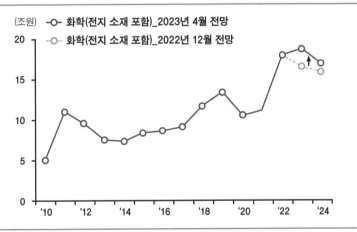

〈그림 2〉 화학(전지 소재 포함) Capex 전망 확대, 화학시설투자전망에 따라 주가흐름은 변화됨
출처: Fnguide, 메리츠증권 리서치센터

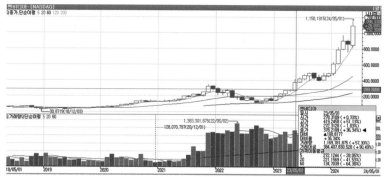

<그림 3> 엔비디아 주가 추이

① 신냉전시대, 국가별 규제상황에서 정책의 교집합의 중요성은 증가한다.

② 글로벌과 우리나라의 정책이 겹치는 경우 주도주 등극 가능성이 높다.

③ 정책의 교집합과 함께 시설투자가 단행되는 경우는 주목할 필요가 있다.

④ 변압기, 원전, ESS가 주도주군 중 시세 연속성의 가능성이 높다.

⑤ 과거 시설투자 사이클로 볼 때 AI로 촉발된 반도체 사이클은 2025년까지 주기상으로는 지속될 수 있다.

2부 분석의 달인 이성웅의 텐배거, 주도주 매매법

발생 가능한 시장 변수에 대한 대응

주도주에 대한 선택을 잘했음에도 불구하고, 시장의 변수가 발생하면 계좌의 변동성이 커지기 때문에 계좌에 주식을 가지고 가기 힘들어집니다. 미국의 금리인하 단행 및 이와 연관 있는 고용지표 및 물가지표의 예상치와 실제치의 데이터 차이로 인해 시장에 경기에 대한 논란이 발생할 수도 있습니다. 금리인하를 단행하고 연준의 판단보다 물가가 내려오지 않는다고 하면 경기침체의 도래 가능성도 존재하고, 그럴 경우 주식에 대한 비중을 대부분 줄이고 쉬거나, 안전자산 선호 현상이 커질 수 있음에 따라서 금 관련주에 대한 투자 부분을 열어둡니다.

금리인하를 단행하는 초기에는 시장의 색깔 변화가 나타날 것이며, 금리인하의 전통적인 수혜를 받아온 건설·건자재, 플랫폼, 제약·바이오주들의 강세가 나타날 수 있습니다. 이처럼 시장 변수에 따라 주도주의 변화도 나타날 수 있음을 염두에 두어야 합니다.

좌담 : 트럼프2.0 시대의
주식 매매 전략

한국시장에
봄은 올 것인가?

KOREAN STOCK
TRADING METHOD

이주현 블루드림리서치 대표
이성웅 글로원파트너스 이사
임수열 815머니톡 대표(사회)

임수열 대표

시장과 정책이 격변하는 시기입니다. 한국시장에 맞는 주식 매매법의 최신 교과서라고 할 수 있는 《살 자리 팔 자리 잡아주는 한국형 주식 매매법》의 출간에 앞서 트럼프 2기가 출범했습니다. 이 책의 저자인 이주현 대표와 이성웅 이사를 모시고 '한국시장에도 봄은 오는가'라는 주제로 좌담회를 마련했습니다.

지금 한국시장이 상당히 힘든 상황입니다. 트럼프가 당선되고 나서 여러 가지 평지풍파가 섹터별로 일어났습니다. 미국은 지금 더할 나위 없이 좋은 것 같은데 한국은 글쎄요, 그동안 바이든 행정부 정책의 수혜주가 될 만한 산업들에 올인해서 그런지 우리나라 시장은 지금 장난이 아닙니다. 먼저 2025년 트럼프 2기를 맞는 주식시장은 어떤 변화가 있을지, 미국시장과 한국시장을 분리해서 이야기해 주시기 바랍니다.

이주현 대표

미국시장은 여전히 상승 추세에 있고 트럼프가 당선되면서 추가적인 상승흐름이 더 잘 나오고 있는 상황이에요. 특히 트럼프는 항상 미국 우선주의를 강조하면서 자국 기업, 자국의 이익을 우선순위에 두고 있다 보니 미국 기업들이 크게 문제가 될 것 같지는 않습니다. 그런 관점에서 증시는 계속해서 좋은 환경이 유지될 가능성이 높다고 보고 있구요. 큰 변수가 없는 한 2025년도에도 긍정적인 관점으로 바라볼 필요가 있다고 보여집니다.

이성웅 이사

미국 공화당이 상하원을 다 쓸어갔을 때를 보면 중소형주가 강했어요. 미국 기준 중소형주가 워낙 강하다 보니 최근 시장을 보면 업종 중에서 원래 강하지 않던 산업재가 상승하고 있고, 그다음 미국의 중소형주라고 하면 러셀 쪽이거든요. 이게 이어질 가능성이 높죠. 그래서 미국시장은 긍정에 무게를 두고요. 우리나라는 원재료를 외부에서 조달해서 중간재나 완성재를 파는 구조이다 보니 관세에 대해 확실히 취약합니다. 동일한 관세를 적용받는다고 해도요. 그런데 그 속에서 중국의 수요가 살아있다고 하면 그래도 부정적이진 않는데, 2025년에 우리나라는 관세의 불확실성으로 여전히 중립 정도라고 바라볼 수 있습니다.

임수열 대표

지금 모든 전문가들이 얘기하는 게 트럼프가 되면 타깃은 오로지 중국, 중국을 주저앉히는 것이다. 그러다 보니 지금 60% 관세가 가능할까 하는 말들도 있습니다만 어쨌건 중국에 대한 엄청난 규제와 관세 장벽 이런 것들이 있을 거라고 예상되거든요.

2023년 우리나라 수출의 19.7%가 중국향(向)이었는데 어쨌든 우리는 중간재를 주로 수출하기 때문에 중국에 대한 최종 수출이 어려워진다면 우리도 같이 타격을 받는 것 아니냐. 그리고 외국인 투자자들은 한국 환율을 그냥 중국 위안화하고 연결하잖아요. 이로 인해 두 나라의 경제가 서로 연동되면서 상당히 어려운 상황이 올 것 같다는 우려도 있습니다.

이주현 대표

환율 약세는 일단 수출 기업들에 긍정적인 요인이고요. 말씀하신 대로 중국을 타깃으로 해서 관세와 같은 부정적인 부분들에 민감할 수 있는 기업의 경우에 우리는 투자 대상의 우선순위에서 제외하는 게 좋겠다는 생각이 들고요. 최근 들어 미국향(向)의 수출이 잘되고 있는 기업들이 2024년도에 굉장히 좋은 흐름을 보였는데 이러한 기조는 여전히 유지될 수 있다고 보고 있습니다.

거기에 영향을 덜 받는 섹터들이 현재 바닥권에서 조금씩 움직임들이 나오고 있는데 엔터주라든지 게임산업이라든지 이런 쪽을 우리가 좀 바라볼 필요도 있겠다는 생각이 들고요. 거기에 더해 전력설비와 방산쪽은 미국과의 협력이 계속해서 증가될 수 있고 또 반사이익을 얻을 수 있는 부분들, 즉 고관세를 매겼을 때 한국이 좀 더 유리할 수 있는 그런 부분들을 찾아서 투자가 이루어져야 할 거라고 생각합니다.

문제는 돈이 너무 없는 시장이다 보니 선별적으로 선택하면서 가야 하는 상황들이 분명히 생길 거예요. 그런 섹터들이 전부 다 같이 가는 그런 시장이면 참 좋겠지만 그렇지는 않을 것이고요. 어떤 가격적인 변화가 들어오는 곳에서 우리가 힌트를 얻고, 그런 추세에 맞춰서 따라붙는 형태로 가야 한다고 생각합니다.

그런데 환율이 굉장히 약한 지금이 외국인 투자자들 입장에서는 국내 주식을 정말 싸게 살 수 있는 기회인데도 아직은 안 들어오고 있어요. 미국이 점진적으로 금리인하를 함에 따라, 또 트럼프 당선으로 인해 시간은 좀 더 길어졌다고 생각하지만 결국 달러도 약해질 거라고 생각하구요. 국내 이머징 마켓으로 들어오는 수급은 분명히 있을 거라는 관점에서 국내 증시는 긍정적이라고 볼 수 있고, 우선적으로 트럼프 정책에 맞춰서 가는 게 필요하다고 생각합니다.

이성웅 이사

문제는 수요잖아요. 그런데 미국에서 중국에 고관세를 부과한다면 그 목적이 어차피 지금 살아나고 있는 중국을 못 살아나게 한다는 게 가장 큰 것이고, 우리나라 입장에서는 제조업에 대한 수요가 뒷받침이 안 된다는 것이거든요.

그래서 지금 시장이 답이에요. 강한 종목, 강한 업종 같은 경우는 미국과 협력할 수 있는 구조를 가진 조선이나 이런 쪽은 강한 반면에 전통적인 제조업주, 화학이나 이런 쪽은 중국 수요가 안 살아나면 쉽지 않다 보니 약한 것이죠. 결국 시장의 반응 안에서 답을 찾아가면 되겠습니다.

임수열 대표

지금 한국 주식 정말 싸다, 이런 이야기를 하는데 사실 주식이 가장 매력적일 때는 쌀 때라는 거잖아요. 그런데 정말 이게 싼 걸까, 이게 그냥 제 가치 아닐까, 라는 의견들도 있어요. 한국 증시 일단 싸다는 것에 동의를 하시는지, 동의한다면 싸다고 생각하는 근거가 무엇인지 이야기 좀 해주시죠.

이주현 대표

동의 안 하면 얘기 안 해도 돼요? (좌중 웃음) 저는 항상 주가는 종목의 주가도 마찬가지이고, 지수도 마찬가지라고 생각합니다. 지수는 그 나라의 상황을 그대로 대변해 주는 거라고 생각하는데 우리나라를 생각해 보면 현재 지수가 적정 주가를 나타내고 있다고 봅니다. 저는 항상 지금 보여지는 게 적정 주가라고 믿고 있거든요. 물론 유동성에 의해서 우리가 3200에 도달한 경우도 있었지만, 현재 시점에서는 주가와 지수가 한국을 잘 대변하고 있다고 생각합니다.

물론 싸다는 논리도 있기는 하지만 그렇게 생각하는 이유는 우리 나라는 분단국가잖아요. 전쟁중에 있는 나라라는 것 때문에 지속적으로 경제적 압박이 있었는데 그것을 빼고 생각하더라도 과연 대한민국 기업들이 글로벌 경쟁력에서 탁월하게 선도하거나 주도해 나가는 어떤 산업이 있는가를 생각해 보면 그렇지 않다는 거죠.

대부분의 산업들이 잘하고 있고 삼성전자가 글로벌 메모리 반도체 1위라고는 하지만 경쟁업체가 없는 게 아니잖아요. 미국도 있고, 중국에서는 치고 올라오는 상황이고요.

또 자동차 산업을 보더라도 많이 올라왔습니다. 과거에 저가형 자동차와 가성비를 강조하던 시기가 있었으나 최근에는 프리미엄 자동차의 판매가 증가하고 있어요. 현재 현대기아자동차는 글로벌 시장에서 3위에 올라섰으며, 저는 앞으로 1~2년 내에 이 회사가 자동차업계에서 글로벌 1위로 올라설 수 있다고 생각합니다. 그렇지만 그게 무언가 새로운 혁신적인 시도로 세상을 주도하는 그런 산업은 아니라는 거죠. 기본적으로 제조에 있는 부분이고요.

글로벌 1위 기업이 없는데 당연히 그 기업을 사기 위해서 한국 증시에 돈을 태운다는 게 있을 수 없고, 그렇다면 지금 상황에서 대단히 좋아지는 것은 불가능하지 않나. 그래서 뭔가 세계를 선도할 수 있는 그런 산업, 좀 더 큰 산업들이 생겨나야 한다고 생각합니다. 현재 국내 지수는 그런 부분을 그대로 반영해 주고 있는 모습이라고 봐야 할 것 같습니다.

이성웅 이사

현재 우리나라는 GDP 성장률 전망치가 2% 아래로 하향된 상태입니다. 그러면 성장에 대해서는 거의 역성장 구조인 상황이고, 그 속에서 글로벌 기업과 우리나라 기업을 비교하면 그동안 선도해 왔던 반도체 같은 경우도 상대적인 열위에 있는 상황이다 보니 경쟁력이 떨어져 우리나라 시장이 저렴하다는 판단은 할 수 없는 거죠.

단지 가격 메리트로는 판단할 수 없는데요. 기업의 면면을 살펴보면 현재 북밸류BPS 기준으로 역사적인 하단에 위치에 있어 가격이 저렴하다는 주장이 있지만, 실제로는 성장이 없거나 역성장이 나타나고 있으며 기업의 실적 추정치도 하향 조정되고 있는 상황입니다. 따라서 한국시장이 저렴하다고 단정짓기는 어렵다고 생각합니다.

임수열 대표

네, 그런데 지금 환율 효과까지 대비하면 외국인 입장에서는 예를 들어 2,500원이라고 한다면 1,200원대에서 2,500원과 지금의 1,400원에서 2,500원은 다르잖아요. 지금 1,400원을 넘고 있고 이후로도 대부분 1,300원대가 계속 유지될 거라고 예측하고 있습니다. 외국인 입장에서 이런 환율 효과까지 감안했을 때 저렴하다고 생각할 가능성은 없을까요?

이주현 대표

저는 그럴 가능성이 있다고 생각합니다. 지금까지 보면 외국인 투자자들은 현재 가격대에서 매수한 후 시간이 지나면서 환차익을 얻을 수 있을지, 아니면 환차익을 얻지 못하더라도 주가 수익률이 그 환손실을 초과할 수 있을지 하는 부분들을 분명히 따질 것 같아요. 따라서 말씀하신 것처럼 이후 환율이 어떻게 변동할지에 대한 불확실성이 있는 상황에서는 외국인 투자자들이 쉽게 시장에 들어오기 어려울 것입니다. 이러한 점이 현재 외국인 수급 상황을 잘 반영하고 있다고 생각합니다.

지수 자체를 분석할 때, 코스피나 코스닥을 살펴보면 ADRAdvanced Decline Ratio(주가지수등락비율) 지표를 써서 75 밑으로 떨어지면 '과매도권'이라고 해서 매수를 할 수 있거든요. 실제로 최근 저점 잡았던 구간이

75 밑으로 내려왔을 때 매수 기회를 포착했으며, 현재는 반등세가 조금 나오는 상황인데요. 이러한 지표들, 예를 들어 북밸류와 PBR 등을 고려할 때 긍정적으로 생각할 수 있지만 외국인 투자자들이 적극적으로 매수에 나서야 하는데, 그렇지 않다는 거죠.

전체적인 상황이 그렇게 만들어지지 않는다면, 굳이 숫자를 고려하거나 가격이 저렴하다는 이유로 깃발을 들고 선봉대로 나설 필요는 없을 것 같습니다. 조금 더 기다렸다가 그들도 가격이 저렴하다고 하면서 들어올 때 들어가도 늦지 않을 것 같습니다.

임수열 대표

그러니까 확인을 하고, 예상하지 말고.

이성웅 이사

우리가 하나의 국가를 볼 때도, 종목을 볼 때도 수출 기업은 환율이 상승하면 당연히 이익이 증가하는 구조가 맞습니다. 그러나 본질적으로는 본업의 실적 체력의 추정치가 올라가야죠. 그런데 그게 아닌 상황이다 보니 저는 외국인 투자자들이 환율을 보고 우리나라에 진입하기에는 한계가 있다고 생각합니다. 따라서 이 환율 같은 경우를 놓고 외국인 투자자들이 들어올 가능성은 낮다고 말씀드릴 수 있습니다.

임수열 대표

여기에 두 가지 변수가 있지 않을까 하는 생각이 드는데요. 첫 번째는 아무래도 환율 같아요. 트럼프 시대에 과연 지금처럼 강달러 고금리가 계속 유지될 것이냐, 아니면 미국이 약달러로 전환될 것이냐. 그에 따라서 미국시장에 들어갔던 자금들이 다시 빠져나와 신흥국 시장으로 갈 수도 있는 거잖아요. 일단 이 부분에 대해서는 각각 어떻게 생각하시는지요?

이주현 대표

저는 아이러니하게도 미국이 채권을 엄청나게 발행하는 상황을 생각하게 됩니다. 그게 다 빚이고, 국가 부채가 점점 안 좋아질 거라는 사실은 너무도 명백하거든요. 그런데 안전 자산에 대한 선호와 미국의 패권 유지에 대한 기대가 달러 수요를 지속적으로 지지하고 있는 상황에서, 강달러로 계속 유지되고 있는 이러한 상황들이 과연 얼마나 오래갈 수 있을까 하는 의문이 듭니다.

만약 해리스가 집권했다면 이게 좀 더 빠르게 내려가는 흐름이 됐을 것 같은데 트럼프가 당선되면서, 결국 감세 정책이라든지 기업의 이익을 우선하는 그런 정책들을 많이 펼 거라는 예상들을 하고 있잖아요. 그렇다면 미국이라는 나라 자체의 경쟁력이나 재정 건전성이 약화될 수는 있겠지만 기업들은 굉장히 괜찮을 거라고 봐야 되거든요. 그래서 이걸 하나로 묶어서 본다면 떨어지는 속도가 굉장히 더딜 것 같다는 생각이 많이 들어요.

트럼프가 당선되고 나서 채권 금리가 급등하지 않았습니까? 현재 돌려야 할 시점인데도 그렇게 움직이지 않고 있거든요. 물론 결국에는 돌리겠지만 그 속도 자체가 느릴 것 같다는 생각이 들어요.

3부 좌담 : 트럼프2.0 시대의 주식 매매 전략

임수열 대표

그렇다면 지금 이렇게 강달러 고금리가 유지된다고 했을 때는 기존의 전망이 현실화되겠지만 이게 또 상황에 따라 달라지잖아요. 트럼프는 1기 때도 파월Powell에게 금리 내려, 금리 내려, 맨날 그랬으니까요. 트럼프가 원하는 건 저금리 약달러니까 어떤 이유로든 그런 상황들이 된다고 하면 한국 증시의 전망도 좀 달라질 수 있겠네요.

이주현 대표

굉장히 좋아질 수 있겠죠. 왜냐면 아까 말씀드린 것처럼 지금 환경 자체는 좋아요. 환율이든지 현재 주가 레벨이든지 이런 걸 생각했을 때 장기적으로는 외국인 투자자들이 한국 증시를 살 수 있는 부분은 분명히 있을 거라고 생각하거든요.

이성웅 이사

강달러 기조는 트럼프 당선 직후 금리가 하락하는 상황 속에서 다시 나타났습니다. 그가 당선된 이후에는 우선적으로 관세 부과가 이루어졌고, 이는 절대적으로 미국을 위한 정책으로 진행되었습니다. 이러한 정책으로 인해 시장에서는 더욱 강한 미국을 기대하며 강달러 방향으로 나아가고 있는데요. 반면에 환율 기조가 약달러로 간다고 하면 그때는 외국인 투자자들이 신흥국에 대한 비중을 늘릴 가능성이 큽니다. 그러나 우리나라가 무조건적으로 좋아진다고 보기는 어렵고, 다른 신흥국들과 비교해서 비중이 조절될 것이기 때문에 환율에 대한 변화가 신흥국 전체에 유리하다는 점은 인정하겠습니다.

임수열 대표

MSCI(모건스탠리캐피털인터내셔널)에서 신흥국 비중이 증가한다고 발표했을 때도 그렇고 다른 외국인들도 그렇고, 우리가 비교 대상으로 삼는 나라는 결국 대만과 중국이잖아요. 그런데 중국은 아무래도 지속적인 압박을 받을 것으로 예상되기에 투자자들이 메리트 있어 할 것 같지는 않아요. 결국 대만과의 경쟁이 중요한데, 이 경우 TSMC 때문에 우리가 좀 불리할 수 있을 것 같습니다.

이주현 대표

시스템 반도체가 대세인 가운데 지금 삼성전자에는 물량이 적게 들어오고 있지 않습니까? 반면 TSMC는 글로벌 시장에서 독보적인 입지를 굳히고 있으며 기술력에서도 앞서가고 있습니다. 이런 상황에서 삼성전자가 TSMC를 뒤집을 가능성은 낮아 보입니다. TSMC도 계속 투자를 하고 시설 확충을 하고 있는 상황이라, 과연 이 시장의 파이가 삼성전자에게 떨어질지는 쉽지 않을 거라는 생각이 듭니다.

임수열 대표

지금 한국 증시에 대해 부정적인 시각이 참 많습니다. 일단 첫째로 수십 년째 내려오는 코리아 디스카운트 문제와 기업 거버넌스 이슈들이 있잖아요. 이번에 두산에서도 이슈가 있었고 LG화학의 물적분할, 뭐 끝도 없죠. 그런 여러 가지 이슈들 때문에 우리 증시가 저평가되는 기본적 이유가 있는 거고, 그 외에 정치적 불안정성과 지정학적 리스크 등 여러 가지가 있죠. 외국인의 시각에서 볼 때, 중국과 한국을 동일한 범주로 인식하거나 우리 산업구조나 수출구조에서 여러 가지 부정적으로 평가받는 요소가 있습니다. 그럼에도 불구하고 2025년 우리 증시가 긍정적으로 변할 가능성을 생각해 본다면 뭐가 있을까요?

이주현 대표

일단 밸류업도 계속해서 진행되어야 할 부분입니다. 말씀하신 것처럼 거버넌스 이슈는 오너가 기업을 지배하고 있는 상황에서 더욱 중요해집니다. 만약 오너가 개인 주주를 포함한 모든 투자자의 이익까지 함께 생각해 준다면, 그 기업은 더할 나위 없이 괜찮겠죠. 지금 메리츠금융 같은 경우를 보면 분산되어 있던 기업들을 하나로 통합시키고, 주주 가치 제고를 위해 굉장히 많은 노력을 하고 있습니다. 그런 부분들이 지금 주가에 그대로 반영되고 있잖아요. 그런 것들이 하나 둘 자리를 잡는다면 충분히 가능성이 있다고 생각합니다.

다만 지금 상법 개정이 포함된 얘기들이 잘 진행된다고 하더라도 그것이 증시를 엄청나게 올려줄 수 있는 요인이 될까 하는 대목에서는 다소 의문이 들어요. 왜냐하면 일본이나 미국처럼 법 개정이 진행되는 과정에서 분명히 진통을 겪을 것 같거든요. 그들처럼 전문경영인을 앞세워서 주가와 수익으로 평가받는 체계가 자리 잡은 상황과 달리, 우리는 이제 과도기로 접어들게 될 것입니다.

따라서 장기적인 관점에서는 미국이나 일본의 시스템이 우리나라에 정착하면서 기업의 가치에 따라 움직일 수 있는 정상적인 환경이 구축될 가능성이 있습니다. 하지만 그 과정에서는 상당히 오랜 기간 힘들 수 있다는 것이죠. 그리고 한국인들 머리가 잘 돌아가서 예상치 못한 편법을 쓸 가능성도 배제할 수 없습니다. 이번에 두산이 기업을 분할하고 합병하는 과정에서도 여러 차례 거부당했지만, 어떻게든 이를 추진하지 않았습니까? 이런 사례를 보면 또다시 새로운 편법을 찾아내겠죠.

임수열 대표

어쨌든 상법이 개정되고 나면 이전처럼 함부로 하지는 못할 것 같아요. 따라서 기업은 소액주주들의 반응을 더욱 신중히 고려할 수밖에 없죠. 소액주주와 일반 주주들이 결정되기 전의 과정에서 법적 소송을 할 수 있는 기반이 마련되어야 한다는 의견들이 있고, 그것이 되었을 때 상황이 조금 달라지지 않겠나 하는 기대가 있긴 합니다.

이주현 대표

근본적으로 주가상승은 기업이 실적을 잘 내고 성장한다는 전제가 뒷받침되어야 합니다. 상법 개정하면 대표님이 말씀하신 것처럼 기업의 물적분할로 대주주는 손해를 보지 않고 개인 투자자만 피해를 입는 그런 상황을 방지할 수는 있겠지만, 기업 경쟁력 강화가 이루어지지 않는다면 제도 개선만으로 과연 주가가 상승하고 저평가 부분들이 해소될까 하는 데는 의문입니다. 쉽게 말해 이상한 행태를 막을 수는 있겠지만, 그것이 곧바로 기업의 경쟁력이나 성장성으로 이어지는 것은 아니라고 봅니다.

임수열 대표

이번 상법 개정의 핵심은 이사의 충실 의무에 회사뿐 아니라 주주도 포함하잖아요. 그런데 그 실효성을 담보한다는 관점에서 상법 402조 유지청구권도 관심이 많더라구요. 상법상 유지청구권이란 회사에 손해를 끼칠 수 있는 이사의 위법행위 진행을 금지해 달라고 주주가 소송을 낼 수 있는 권한인데, 상법을 개정하면서 그 대상을 회사뿐 아니라 주주의 이익을 침해하는 행위, 잘못된 합병에 대해서도 적용할 수 있도록 해야 한다는 거예요. 앞서 예로 든 두산밥캣 사례가 기폭제가 된 것이죠.

그러니까 뭔가 사건이 발생하고 나서 손해배상을 청구하는 것은 끝도 없고 비효율적인 과정입니다. 대신 이사회에서 이렇게 하겠다고 안건을 결정하는 순간 주주들이 이건 아니지 않나 하며 법적 소송을 제기하고, 이를 통해 이사회가 해당 안건을 재검토하도록 만드는 제도가 정착된다면 상황이 많이 달라지지 않을까 하는 의견도 있습니다. 그런데 이러한 것들이 실제로 우리 증시에 좀 더 긍정적인 영향을 미칠 수 있을지, 그리고 외국인 투자자들이 이를 어떻게 평가할 것인지가 중요한 거겠지요.

이성웅 이사

상법 개정하면 무조건 좋게 봅니다. 해야 됩니다. 필히 해야 하고요. 왜냐하면 최근 외사계 리포트에서 다뤄진 게, 외국인 투자자들이 보기에 우리나라 주식시장이 매력도가 낮다는 게 거버넌스 이슈가 컸어요. 본 거죠, 외국인들이. 예전에 LG화학이 LG에너지솔루션을 물적

분할해서 주가 반토막 났고, 그다음에 최근 이수페타시스가 본업이랑 다른 쪽에 사업을 인수한다면서 증자해서 주가가 빠지고, 그다음에 고려아연도 사모펀드가 이슈를 제기해서 갑자기 유상증자 발표하고. 그런데 세 기업의 공통점이 다 밸류업 지수에 포함되어 있어요.

그런데 이게 거버넌스 이슈 같은 것을 제기할 수 있도록 상법 개정이 되고 그와 함께 분리 과세라든지 이런 것까지 더해진다고 하면 외국인들이 보기에 우리나라 시장의 판이 바뀔 것이거든요. 그래서 이건 필히 진행해야 되고요. 계속 제기되어 왔던 거죠. 유상증자나 기업의 어떤 이벤트가 있을 때 왜 소액주주와 기존의 대주주 간에 간극이 존재해야 하나 하는 점이었기 때문에, 이것은 추진해야 하고 지금의 방향대로 개정해야 한다는 말씀을 드립니다.

임수열 대표

사실 2024년 초에 정부에서 밸류업 관련한 정책을 내놓았을 때 외국인의 매수가 상당히 들어왔어요. 그때 분석하기로는 일본의 케이스를 보고 아 한국도 일본처럼 저렇게 올라갈 수 있겠구나, 이렇게 생각했다는 거죠.

말씀하신 대로 상법 개정만 가지고는 좀 어려울 것 같은 게 뭐냐면 일본을 보면 일본은행을 통해서 ETF 투자, 그러니까 직접 주식을 사주는 역할을 했고 또 일본의 국민연금은 일본 주식에 대한 투자 비중이 25%, 우리는 지금 7%인가요? 그것도 더 낮추고 있죠. 일본의 경우 사서 장기적으로 보관하고 있는, 장기투자를 하는 매수 주체 세력이 확고하게 있다는 것이죠. 거기서 매수를 계속해 가기 때문에 가다가 부러지는 일들이 없다는 것입니다.

한국은 기본적으로 수급이 어렵잖아요. 그래서 장기투자라든지 퇴직연금이 들어올 수 있는 세제혜택이라든지 이런 정부 대책들이 있어야 한다는 의견들도 있습니다.

이주현 대표

그렇죠. 대규모 기금들이 국내 증시를 받쳐주고, 더 매력적인 투자 요인을 만들어내야 한다고 생각해요. 저는 일단 국내 증시를 상승시키려면 법인들이 비트코인을 살 수 있게 풀어줘야 한다, 만약 삼성전자가 자사주 매입 대신 비트코인을 10조 원 매입했다면 이는 증시 부양에 더욱 긍정적이었을 거라고 생각해요. 사람들이 샀을 때 올라갈 수 있겠다는 희망을 줄 수 있는 정책들이 나와줘야 하거든요. 증시를 부양시키기 위해 그런 다양한 이야기들, 예를 들어 주식투자를 했는데 손실을 봤을 때, 1년에 한 10% 정도 세금에서 공제해 준다든지 하는 제도를 도입한다면, 이는 투자자들에게 커다란 메리트가 될 수 있거든요. 그런 부분들이 좀 정책적으로 나와주면 좋을 것 같습니다.

임수열 대표

기본적으로 국민이 됐든 연기금이 됐든, 아니면 정부의 어떤 뭔가가 됐든 상법 개정과 함께 수급에서의 물꼬를 터줄 만한 정책이나 어떤 변화가 있어야 한다는 생각이 들긴 해요.

이성웅 이사

그렇죠. 상법을 개정하면 상황이 달라지긴 하겠죠. 그러면서 또 하나, 과거에는 국내 연기금이 장이 빠졌을 때 자금을 많이 집행했지만, 요즘은 해외 장으로 자금이 많이 넘어가 있습니다. 이로 인해 국내 장 비중이 아까 짚어주신 것처럼 약 7%대로 떨어진 상황입니다. 따라서 강제적인 조치보다는 우리나라 시장에 자금이 들어올 수 있게 만들고 시장의 체력을 높이는 것이 중요합니다.

임수열 대표

돈이라는 게 벌린다 하면 오지 말라고 해도 다 몰려드니까요.

이성웅 이사

그렇죠.

임수열 대표

외국 나갔던 서학개미들도 한국시장이 이제 돈 벌릴 것 같은데, 어 싼데, 주가 안 올랐는데, 이러면 들어오죠. 또 주가가 오르면 그거 보고 외국인 투자자도 들어올 수 있겠죠.

이주현 대표

더 나아가 전 세계에서 그 회사 주식을 사고 싶어 하는 구글 같은 글로벌 벤처기업들이 나스닥이 아닌 코스닥이나 코스피에 상장을 할 수 있도록 하는 것이 목표가 되어야 합니다.

임수열 대표

그걸 위해서라도 한국 증시가 그동안 들어오기만 하고 나가는, 퇴출되는 기업이 없어서 계속 기업 수는 늘어나는데 시총은 그대로고, 뭐 이런 얘기들이 있었잖아요. 그런데 이번에 개정이 되는 것 같던데, 그것도 한국 증시에 긍정적인 요소가 되지 않을까요?

이주현 대표

좀비 기업들이 사라질 거니까요. 관리 종목 두 차례, 그러니까 2년 연속 감사의견 부적정을 받으면 바로 퇴출되니까. 최근에는 한 몇 년 소송 걸고 하면 살아남기도 했거든요. 그런 종목들을 보유한 분들께는 안타깝지만 일단 그런 것들을 좀 잘라내고요. 그리고 상장시키는 것도 보면 상장되고 3년 있다 상장폐지 되고 이런 건 말이 안 되거든요. 상장과정에서부터 심사를 좀 더 엄격히 하는 것도 중요할 것 같아요.

글로벌 경쟁력을 가진 정말 괜찮은 벤처기업들, 진짜 전 세계 1등을 할 수 있는 그런 기업들이 한국 증시에 상장되고 한국에서 사업할 수 있도록 규제를 없애주는 것이 정부의 역할이라는 생각이 들어요. 규제가 없어져야 그런 기업들이 한국에서 사업을 하려고 하겠죠.

임수열 대표

변화의 조짐은 있는 것 같아요. 서학개미들, 미국 주식을 경험한 국내 투자자들이 뭐야, 왜 한국 증시는 이 모양이지? 이런 불만들이 생기면서 금투세(금융투자소득세) 폐지도 그렇고, 상법 개정에 대한 욕구도 그렇고, 달라지는 것 같기는 해요. 게다가 정치인들은 표를 의식할 수밖에 없으니까요.

이주현 대표

1,500만 명 개인 투자자들이 더 늘어나야죠. 모든 국민이 주식투자에 참여하는 상황이 되어야 하고, 말씀하신 것처럼 퇴직연금도 이제는 주식과 연동되어 개인이 선택할 수 있는 부분이 많은데 이걸 모르는 분들도 많아요. 그래서 더 많은 국민이 기업경영과 나라경제에 관심을 가지면 조금씩 변화해 가지 않을까 생각합니다.

임수열 대표

이런 것들이 변하면서 어느 정도 체계가 잡히면 그게 한국 증시의 호재가 될 수 있다, 그렇게 보면 되겠군요. 자 그럼 어쨌든 2025년에 우리가 돈 버는 찬스를 잡아야 할 텐데 돈 버는 찬스, 기회들이 어디에 있다고 보세요? 먼저 돈이 좀 벌릴 것 같은, 그러니까 상승할 것 같아 보이는 섹터나 산업이 어디라고 보시는지요?

이주현 대표

지금 미국은 정권이 바뀌지 않았습니까? 그리고 트럼프를 생각하면 약간 불확실성을 떠올릴 수밖에 없는 게 트위터를 통해 즉흥적인 얘기들이 많이 나오고, 또 자국 우선주의를 한다는데 그게 과연 어떻게 전개될지도 변수입니다. 예를 들어 지난번 2차전지가 급락 나온 것도 IRA 법안 폐지와 관련된 논의에서 비롯된 것이었죠. 이러한 노이즈에서 벗어나 집중을 하는 것도 지금은 좋을 거라고 생각해요.

3부 좌담 : 트럼프2.0 시대의 주식 매매 전략

문화산업, 엔터테인먼트, 콘텐츠는 사실 시장을 주도할 만큼의 섹터는 아니지만 그래도 우리가 수익을 내기 위해 틈새시장을 공략한다는 관점에서 보는 게 중요할 것 같고요. 게임 섹터 같은 경우는 2025년 신작이 꽤 많이 출시되고 흑자로 전환하는 기업들이 상당히 많이 생길 것 같아요. 그런 기대감들이 주가를 상승시킬 수 있다고 봅니다. 그것도 결국 IP(지적재산권) 산업이거든요. IP 산업이 결국 한국의 미래라고 생각해요. 이 산업은 무에서 유를 창조할 수 있으며 마진율이 높아 국제적인 경쟁력을 가질 수 있어요. 또 과세와 같은 악재에서 피해를 덜 받을 수 있는 섹터이기도 해요. 지금은 이러한 분야에 집중하는 것이 좋을 것 같아요.

아까 이성웅 이사님이 러셀 지수 얘기를 하셨잖아요. 사실 빅테크 올라간 것만큼 중소기업은 굉장히 소외되어 있었거든요. 그런 중소기업들에 이제 서서히 온기가 퍼질 가능성이 높아요. 최근에 아이온큐 같은 것도 성장주로 분류되는 중소기업이잖아요. 그런 기업의 주가가 팍팍 튀는 모습들, AI 소프트웨어 관련 기업들 중 실적이 안 나오는 곳들도 이제 좋아진다, 미래에 더 좋아진다라는 기대감이 많이 작용하고 있지요. 그렇다면 국내에서의 중소형 테마주 성격일 수도 있겠지만 그러한 것들도 계속해서 주가가 움직일 가능성이 높다고 생각됩니다.

특히 이제 큰 뻐꾸기 두 마리가 미국 정부에 들어갔기 때문에 둘이서 번갈아 뻐꾹 뻐꾹 할 때마다 그에 맞는 테마들이 만들어질 것이고, 장기적인 관점은 아니더라도 그런 데서 최대한 수익을 내는 방법이 있다고 봅니다.

이성웅 이사

저는 산업재 쪽이 아주 긍정적이라고 생각해요. 트럼프의 과거 집권기와 현재의 다른 점은 현재 유가가 과공급 구간에 있다는 거예요. 이로 인해 유가는 빠지는 상황이고 AI를 탑재한 데이터 센터의 증가로 인해 2016년과 비교했을 때 에너지 수치로만 5배 정도 더 필요하거든요. 그런데 소형모듈 원전을 수주해서 짓는 데 3~5년이 걸립니다. 현재 수주가 이루어지는 상황이라면 이 시간의 공백을 천연가스와 관련된 인프라들이 메워줄 수 있어요.

따라서 산업재 중에서도 에너지, 특히 천연가스와 소형모듈 원전에 주목해야 하며 2025년에는 이 두 분야에 무게를 두는 것이 중요합니다.

이주현 대표

태양광은 안 될까요?

임수열 대표

신재생 쪽은 트럼프 시대에 어떨지 모르겠어요.

이주현 대표

트럼프가 중국을 죽여주면 그나마 좀 괜찮지 않겠나 싶습니다.

임수열 대표

그런데 오히려 반대로 보는 정치학자들, 국제정치학자들, 거시경제학자들이 있더라고요. 뭐냐 하면 트럼프 때 오히려 중국과 화합할 수 있다, 성장할 수 있다고 보는 의견도 있습니다. 트럼프는 이익을 위해서는 언제든 입장을 바꿀 수 있는 사람이기 때문에 첫해에는 경제가 골디락스Goldilocks economy(경제가 너무 뜨겁지도 않고, 너무 차갑지도 않은 적정한 상태)일 거라고 다들 이야기하더라고요. 그런데 이제 둘째 해나 셋째 해에 경기침체에 대한 이슈가 불거지고 어려워지기 시작하면 그때는 바로 중국과 협상이 시도될 수 있다고 보는 거죠. 현재는 서로 갈라치기하면서 블록화되면서 어려운 상황이잖아요.

이주현 대표

그러려면 일본이 예전에 프라자 합의했던 것처럼 중국에서 뭔가 손해를 보면서 손을 내밀어야 하는데 글로벌 패권을 두고 경쟁하는 관점으로 보면 힘들 것 같아요. 중국이 구글, 페이스북, 유튜브 등 미국의 거대 서비스 산업을 막아놓은 것을 풀어주고, 정부에서 각 산업의 뒤를 봐주는 것을 더이상 하지 않고 공정한 경쟁에 들어온다면 모를까, 미중 화합은 쉽지 않을 거라고 봅니다.

임수열 대표

하여튼 뭐 그런 의견도 있기는 한데 좀 두고봐야지요. 트럼프의 불확실성은 '예측 불능'인 것 같아요.

이주현 대표

맞죠. 근데 그게 제일 크다 보니.

임수열 대표

2024년은 엔비디아가 세계를 관통하는 중심적인 주도주였잖아요. 그리고 관련된 밸류체인에 속한 기업들, 특히 한국의 SK하이닉스와 같은 기업들이 급등했습니다. 그러나 2025년부터는 소프트웨어로 넘어가는 것 아니냐. 최근 2024년 연말 시점에서 아까 말씀하신 러셀에 포함되는 미국 중소형주들 상당수가 급등하고 있으며 이들 종목 상당수가 소프트웨어 관련 주식이거든요. 그래서 AI를 활용한 소프트웨어 서비스들에 집중해야 하는 거 아니냐. 그게 빅 트렌드 아니냐, 이런 의견도 있어요.

이주현 대표

그렇죠. 시대의 트렌드가 바뀌는 것은 AI 하드웨어 구축이 되고 그걸 활용한 서비스로 우리가 살고 있는 삶에 어떤 변화를 가져왔을 때 일어난다고 생각하거든요. 그러니까 모바일 스마트폰이 처음 나왔을 때를 생각해 보면 스마트폰 하드웨어 관련 기업들이 쫙 올랐었고요. 그 다음에는 그 모바일 안에 앱을 어떤 걸 사용하느냐, 거기 관련된 기업들이 움직였단 말이죠. 그때도 지금 우리가 알고 있는 카카오가 선도적인 시장 진입을 해서 자리 잡았던 것처럼 지금 AI 시대에 이 AI 소프트웨어에서 어떤 서비스가 대세가 될지, 그리고 그 시장을 누가 선점할 것인지의 싸움인 것 같아요.

지금은 누가 승자가 될지 모르는 상황이잖아요. 마치 춘추전국시대처럼 누구에게나 가능성이 열려 있는 그런 상황이니 충분히 도전해 볼 만하죠. 국내에서는 아직 두드러지는 기업은 없지만 하나의 테마가 형성되고 있다고 보고 그 안에서 실적이 올라오는 기업들 위주로 주목해야죠. 시세 탄력 측면에서는 잡주들이 더 좋겠지만, 잡주들은 매매 관점에서 수익을 내는 방식으로 그렇게 접근해야 할 것 같아요.

임수열 대표

우리가 주식투자를 한다고 했을 때는 기본적으로 한국 주식과 미국 주식 양쪽을 다 같이 투자하는 걸 전제로 해야 할 것 같아요.

이성웅 이사

네 그렇습니다. 미국의 오라클이나 어도비는 영업이익률이 30% 정도 나오기도 해요. 그런데 우리나라 소프트웨어 쪽의 구조는 공공기관의 수주를 받는 방식이 과금 형태가 아니라 그냥 수주를 완료하면 끝입니다. 또 소프트웨어 기업들이 주로 국내시장에만 집중하다 보니 영업이익률이 높지 않아요. 그래서 소프트웨어가 되는 것은 동의하지만 국내시장은 한계가 있다 보니 구조가 달라지는 기업을 찾는 거죠. 우리나라에서 사업을 하는데 해외 쪽과 협업을 한다든지 하는, 예를 들어 삼성SDS나 엠로 같은 기업이 있는데요. 그 속에서 해외 쪽과 협업하는 사례를 하나의 기준으로 봅니다.

이주현 대표

저는 유일하게 괜찮게 보는 게 네이버거든요. 네이버의 라인 플랫폼은 일본에서 거의 우리나라 카카오 식이고 동남아도 그렇고 해외에서도 굉장히 많이 써요. 따라서 네이버가 이 플랫폼을 어떻게 살려가느냐, 그리고 AI와 접목해서 어떻게 활용하느냐에 따라 저는 잠재력이 엄청나게 크다고 생각하는데, 다만 주가가 조금 무거운 측면이 있기는 하죠.

임수열 대표

네이버를 얘기하면 우리가 카카오 얘기를 하지 않을 수 없는데 카카오도 지금 원체 많이 빠져 있고, 모빌리티도 지금 카카오가 보유하고 있잖아요. 이 모빌리티 쪽의 성장성이나 기대감이 상당할 것이다, 이런 의견도 있더라고요. 트럼프 당선 이후 가장 큰 수혜를 받는 사람은 일론 머스크죠. 일론 머스크가 하고 있는 게 크게 우주항공 쪽하고 테슬라를 통한 자율주행 쪽이잖아요. 이 자율주행이 미국에서 상당히 규제 혁파가 되면서 뭔가 의미 있는 성장이 되고 전 세계로 뻗어나갈 가능성이 커지고 있습니다. 그랬을 때 한국시장에서의 모빌리티 가치와 성장 가능성을 보시는 분들도 있던데요.

이주현 대표

카카오 모빌리티는 그런 방향이 아닌 것 같아요. 대리운전 서비스에 집중하고 있어서 약간 좀 비관적으로 보고 있습니다. 최근 발표된 카카오의 AI 기술도 엄청 실망스러워요. 물론 카카오라는 채널 플랫폼의 자체적인 밸류가 있고 시장을 선점하는 효과가 있기에 어느 정도는 되겠지만 그게 게임 체인저가 되지는 않을 것 같구요. 금리인하 시점에 네이버와 카카오의 상승이 가능하다는 점은 맞겠으나, 자주 쪼개기 상장을 하는 카카오라는 기업은 마음에 들지 않네요.

앞서 말씀드린 것처럼 국내 기업이 거의 글로벌화 되어 있지 않습니까? 여기에서 세상의 그 누가 얘기한다 해도 이것 하면 그 회사 이름이 나올 수 있는 것, 즉 애플이나 알파벳 같은 기업이 한국에서 나와줘야 해요. 저는 그럴 가능성이 아주 조금이라도 있는 곳이 네이버라고 생각합니다.

임수열 대표

이제는 미국에서 떠오르는 섹터나 트렌드가 우리 시장과 전 세계적으로 전파가 되잖아요. 그래서 앞서 언급한 일론 머스크의 다양한 사업 아이디어와 여러 가지 사업 구조들이 떠오르지 않겠느냐에 대한 기대가 있습니다. 그래서 최근에 우주항공 관련주들이 많이 올랐잖아요. 한국뿐 아니라 미국에서도 로켓 랩부터 시작해서 여러 기업이 주목받고 있습니다. 자율주행 쪽도 마찬가지로 큰 관심을 받고 있는데, 어떻게 보시는지요?

이주현 대표

자율주행 기술에 대해 긍정적으로 보고는 있지만 이는 하나의 테마로 형성되는 부분에 불과합니다. 사실 자율주행 얘기를 하면 저거 안 되는 거다, 라고 얘기하셨던 분들 되게 많았어요. 지금도 일부 전문가들은 심지어 사기라고도 하죠. 2~3년 전에는 특히 그런 부류가 많았어요. 사실 자율주행이 어마어마하게 크게 갔던 테마냐 하면 그렇지도 않았어요. 시세가 오르락내리락하면서 일시적인 상승만 있었던 거죠.
저는 기술은 계속 발전할 것이고, 결국 자율주행이 실현될 거라고 보는 입장이거든요. 그러면 사실 국내에서도 크게 테마가 불어줄 수 있을 것 같은데, 결론은 자율주행을 좋게 본다면 테슬라를 사두는 게 좋지 않을까 싶습니다. 미국에서는 모빌아이 같은 기업도 주목할 만합니다.

한국에서는 퓨런티어, 에스오에스랩, 스마트레이더시스템 등 몇몇 기업들이 있지만 이들이 과연 실질적인 수혜가 될지는 의문입니다. 카메라 모듈과 같은 부품 쪽은 어느 정도 수혜가 될 수는 있겠지만, 근데 그게 뭔가 자율주행에 따른 대단한 부가가치를 형성하겠는가 하면 그럴 것 같지는 않거든요. 그래서 자율주행은 하나의 테마로서 어느 정도 시세차익만 누릴 수 있지 않을까 이렇게 보고 있어요.

이성웅 이사

자율주행 돼요. 될 수밖에 없는 상황이고, 이게 시기의 문제거든요. 그래서 보면요, 원래 본업을 하던 회사들 중에 좋아질 수 있는 준비를 했던 쪽은 현대차 그룹입니다. 우리나라에서는 현대차 그룹, 미국에서는 테슬라, 이런 쪽을 보는 거죠. 일론 머스크가 준비해 놓은 사업들이 기술로는 최적화가 되어 있는데 마지막 남은 허들이 규제였거든요. 그래서 이제 넘어설 수 있는 게 우주항공, 자율주행 로봇, 휴머노이드 로봇 이런 것들은 2025년에 어찌 보면 주도주 형태가 될 수 있어 보입니다. 계속 가야죠.

임수열 대표

자율주행과 관련해서 많은 분들이 좀 헛갈려 하는 것 같더라고요. 자율주행 기술은 크게 두 가지 진영으로 나뉘잖아요. 하나는 레이더와 라이다를 활용해서 하는 시스템이고 다른 하나는 테슬라죠.

테슬라는 각 차량에 카메라를 장착하고, 이 카메라로 수집된 정보를 자체 개발한 슈퍼컴퓨터인 도조Dojo로 분석해서 중앙처리해줄 테니 그걸 구독하라고 하는 거죠. 반면 레이더와 라이다 시스템은 레이더는 잘 알려져 있고, 라이다는 레이저를 쏘는 건데요. 이 레이더와 라이다를 활용하는 방법은 각 차에 들어가는 장비의 비용이 그만큼 크기 때문에 현재는 결국 테슬라가 승리하지 않겠냐 하는 시각이 있죠. 그렇게 되면 테슬라는 테슬라 차뿐만 아니라 다른 차들도 전부 구독경제를 통해 퍼져나갈 수 있는 것 아니냐, 그럼 우리도 자율주행과 관련해서 레이더와 라이다 쪽인지 아니면 테슬라 쪽인지 과연 어느 쪽이 표준화 모델이 될 것인지에 대한 판단과 함께 거기에 맞는 밸류체인에 투자해야 하는 것 아닌가 하는 시각도 있어요.

이주현 대표

그래서 아까 카메라 모듈 얘기를 드렸던 게 일단 레이더와 라이다 쪽은 말씀하신 대로 비용이 너무 크잖아요. 물론 대량생산하게 되면 코스트가 줄어들 수는 있겠지만 지금 미국 정부에 들어가 있는 사람이 일론 머스크인데 만약 표준화, 단일화를 시킨다면 저는 거기에 대한 수혜는 테슬라가 상당히 많이 가져갈 거라고 보고 있고요. 그리고 현재 나와 있는 제품들의 자율주행 성능만 놓고 객관적으로 봤을 때 제가 전부 타본 건 아니지만 이게 자율주행 아니면 뭐지, 라는 생각이 들 정도로 테슬라가 압도적이거든요. 테슬라가 이길 가능성이 압도적으로 높다고 생각합니다. 그 시스템이 말씀하신 대로 만약 구독경제로 다른 자동차 회사들까지 사용 가능한 플랫폼화가 되어버린다면 더욱 엄청나겠죠.

임수열 대표

테슬라는 조금이라도 저렴할 때 매수할 가치가 있기는 해요. 그런데 떨어질 거라고 생각하면 계속 올라가더라고요.

이주현 대표

분할 매수했습니다. 오를 때도 사고, 내릴 때도 사고 있습니다.

임수열 대표

지금 소프트웨어와 관련해서도 구경제, 그러니까 기존의 이 산업에서 가장 큰 수혜를 받게 될 것으로 결국 메타Meta Platforms, Inc.를 얘기하는 분들이 많더라고요. 왜냐하면 메타가 요즘 여러 가지로 확장이 되는 것 같아요. 광고주를 위해 ERP 시스템Enterprise Resource Planning(기업자원계획시스템)을 제공하고, 메타버스 팀을 확 줄여서 AI에 올인한 상황이 잖아요. 이러한 변화에 대한 효과로 결과물들이 나오지 않을까요? 아마존도 그렇고요. 이런 쪽들을 보시는 분들도 있고, 이러한 방식의 서비스를 하는 새로운 기업이 어디서 등장할지 주목해야 한다는 시각도 있더라구요.

이주현 대표

그런 곳에서 아이디어를 얻어서인지 최근 국내에서 ERP 시스템과 비숫한 걸 하고 있는 기업들이 올라가고 있죠. 예를 들어 더존비즈온은 ERP 시스템에 AI를 접목한다는 얘기도 있고요. 제 생각에는 우리나라에서 혁신적인 기업이 탄생하여 글로벌 선도 기업으로 성장하거나, 아니면 글로벌 1위 기업과 협력해서 뭔가 사업을 하는 그런 기업들에 주목해야 한다고 생각해요. 2024년 말 카페24의 주가가 많이 올랐던 것도 결국 알파벳과의 협력 소식 때문인 거고, 또 KT의 주가가 신고가를 경신했던 것도 마이크로소프트와 AI 분야에서 협력한다고 하니까 올라갔잖아요. 이러한 시대 트렌드에 맞는 사업을 하고 있거나, 또는 글로벌 1위 기업과 협력하는 기업들, 한국시장에서는 그런 기업들에 초점을 맞춰야 할 것 같습니다.

임수열 대표

그들의 밸류체인에 참가할 수 있냐 없냐, 우리는 결국 이게 관건인 거네요.

이주현 대표

그렇습니다.

임수열 대표

사실 미국은 그게 좋은 것 같아요. 미국에서 1등을 하면 세계에서도 1등 할 수 있다는 확산성말예요, 언어부터 시작해서 말이죠. 알겠습니다. 현재 트럼프 시대를 맞이하여 2025년의 주식 매매의 관점과 원칙 그리고 전략은 어떻게 설정되어야 한다고 생각하시나요?

이주현 대표

매매 원칙과 전략은 바뀌지 않는 것 같습니다. 다만 바뀔 수 있는 것은 투자금, 그러니까 시장 상황에 따른 투자금을 조절해 주는 것이죠. 지금은 현금 보유보다는 어떤 것이든 자산에 대한 투자를 많이 해야 하는 시점이라고 생각하거든요. 금리인하 시점이니까요. 그래서 한 20% 정도의 현금 정도, 그 이상을 가지고 있는 건 안 좋지 않나 하는 생각이 들고요. 결국 분할매수 잘하자와 같은 원론적인 얘기밖에 안 될 것 같아요.

분할매수, 그다음은 무엇보다 손절이죠. 아니라고 생각될 때는 과감하게 잘라내야 하는 손절, 원칙을 얘기할 때 손절을 얘기하지 않을 수 없어요. 그것만 잘하면 사실 절반 이상 성공하거든요. 그래서 개인 투자자들은 우리가 가장 강하게 쓸 수 있는 무기 중 하나인 손절을 갈고닦아서 더 빠른 손절, 더 작은 손실을 내면서 계속해서 기회를 찾아가는 그런 전략이 필요할 것 같습니다.

이성웅 이사

대중과 반대되는 생각을 했으면 좋겠어요. 다수가 좋게 보거나 혹은 다수가 안 좋게 볼 때 그 시점에서 변화가 있을 수 있으니까요. 이러한 관점을 활용해서 접근을 해보시고, 그다음 스스로 원칙을 만들어보는 거죠. 돈을 벌 확률이 높은 전략을 만들어보는 것이 중요합니다.

임수열 대표

그럼 주식 매매할 때 주의해야 할 점 한 가지를 얘기한다면 뭐가 있을까요?

이주현 대표

특히 지금 시점에 강조 드리고 싶은 건, 주식은 믿음이 아니라는 겁니다.

이성웅 이사

맞아요.

이주현 대표

종교가 아니다.

임수열 대표

계속 일어나죠. 현재 2차전지 이후 반도체, 반도체 이후 바이오주 이런 식으로요.

이주현 대표

밧데리 아저씨가 약간 신처럼 숭배되는 시점이 고점이었고, 그다음 엄애널리스트가 숭배되는 시점에 고점이 있었습니다. 따라서 누군가가 신격화되기 시작하면 고점이 다가온다고 생각할 수 있습니다.

　종목과 사업을 분석해서 정확하게 알고 투자하는 건 중요한데, 그게 믿음과 신념으로 바뀌어서 추세가 꺾였는데도 계속 고집을 피우는 것을 아집이라고 하죠. 절대 안 된다고 생각하시면 됩니다. 바닥에서 꼭지까지 먹겠다는 것이나 10배, 20배 오른 것을 사놓고 기도하는 건

하지 말아야죠.

이성웅 이사

맞아요. 저도 비슷한 생각을 하고 있어요. 주가는 모든 것을 말하는 데 거기에 이상한 이유를 붙여 해석하는 경우가 많습니다. 해석하는 것보다 현재의 주가를 그대로 받아들이는 것이 중요하다고 말씀드리고 싶습니다.

임수열 대표

그렇다면 정확한 정보가 더욱 중요할 것 같은데요. 핵심적이고 믿을 만한 정보를 주로 어디서 얻습니까?

이주현 대표

핵심적이고 믿을 만한 정보, 옆집 아주머니나 직장 동료가 사라면 사고 그러면 안 되잖아요. 일단 기본적으로 언론에 나오는 뉴스나 외신, 그리고 일반적으로 많이 접하는 이런 보도들을 참고합니다. 개인 투자자들이 정보를 취합하는 데는 사실 기업 탐방을 간다고 해도 외부에서 나와 있는 기사나 정보 말고 드라마틱하게 숨겨진 내용들을 알수 있는 부분은 없거든요.

그래서 결국은 공시나 기사 내용들이 가장 핵심적이라고 생각합니다. 뭔가 특별하게 나만의 소스가 있다든지 그런 건 없습니다. 모두가 알고 있는 그런 창구에서 나오는 내용들을 취합하는데 그걸 어떻게 해석하느냐에 따라 투자를 할 것이냐 말 것이냐 판가름이 나죠. 똑같은 기사인데 그 안에 숨겨진 의도를 어떻게 파악하느냐, 이게 제일 중요한 것 같아요. 그리고 주식의 가격을 함께 보면 되겠습니다.

이성웅 이사

저도 비슷한 생각인데요, 특별한 정보가 따로 있다기보다는 어떤 뉴스를 해석할 때 지금 주가에 이게 녹여져 있느냐, 그런 판단을 하는 게 중요한 것 같아요. 쉽지 않은데요. 많이 해봐야죠. 많이 해보면 됩니다.

임수열 대표

그러니까 경험을 계속 쌓자. 이때 돈 다 날아가면 안 되니까 먼저 소액으로 시작하는 거죠. 다양한 경험을 쌓아놓고 실력이 될 때까지 말이에요. 그럼 보고서, 그러니까 증권사에서 나오는 리포트나 혹은 아까 말씀하신 뉴스나 이런 거를 어떻게 팔로업 하시는지요?

이주현 대표

저는 2019년 팬데믹 이전에는 보고서가 나오면 무조건 팔라는 소리로 인지했습니다. 그때는 그런 접근이 맞았던 경우가 많았고, 저도 주식 초보 시절에 보고서를 보고 샀다가 손해를 본 경험이 많았거든요. 그런데 팬데믹 이후 투자자의 수가 엄청 많아지면서 이런 보고서를 활용한 투자가 활발해진 것 같아요. 이로 인해 수급이 쏠리는 현상도 한 번씩 나오더라고요.

그리고 아까 뉴스를 보면서 주가에 이런 정보가 녹아 있는지에 대한 얘기를 하셨는데, 그런 판단이 중요하다고 생각합니다.

보고서와 같은 이런 자료들을 절대로 맹신하면 안 됩니다. 이를 작성한 사람들도 업계에서 공부를 좀 많이 한 사람들이지, 주가지수의 가격을 맞출 수 있는 사람들은 아니거든요. 그냥 해당 산업이나 그 회사가 돌아가는 동향을 파악하는 정도로 쓰는 거지 거기서 말하는 가격, 추천, 매수 이런 것에 너무 맹신하거나 그것만을 기준으로 판단해서는 안 된다고 생각합니다.

이성웅 이사

보고서를 활용할 때, 기업분석과 주식분석은 다른 영역이잖아요. 기업분석을 주식으로 연결해서 활용할 때는 헤드라인이 중요하거든요. 보고서의 헤드라인을 참고하시면 될 것 같아요.

임수열 대표

그런 정보들을 해석할 때 조언이나 팁 한 가지를 붙인다면 뭐가 있을까요? 뭐 이런 얘기는 있잖아요. 리포트할 때 목표 주가는 신경 쓰지 마라, 그것 믿지 말고 그 흐름, 산업이나 섹터, 종목의 성장이냐 하향이냐 이런 쪽만 먼저 봐라. 이런 얘기도 있는데 그런 식으로 조언해 주신다면 뭐가 있을까요?

이주현 대표

주가의 움직임에서 핵심은 기대감이라고 생각합니다. 따라서 어떤 투자 정보를 읽을 때 이 정보로 나뿐만 아니라 대중이 어느 정도의 기대감을 가질 수 있을지, 많은 사람이 이 기사를 보고 기대감을 느낄 수 있을지, 그리고 이 보고서가 향후 해당 기업에 대한 기대감을 줄 수 있는 내용인지 고민해 보아야 합니다. 이후에는 실제 주가의 흐름과 보고서를 비교하면서 시장에서 사람들이 긍정적으로 판단하는 요소가 무엇인지 파악하고, 이런 요소들이 이후 주가에 어떻게 반영되는지 그런 것들을 살펴보시면서 접근하면 좋지 않을까 싶습니다.

이성웅 이사

팩트 기반 말고 다른 여러 사람이 하는 얘기들, 카더라 그런 거 듣고 판단하지 마시라고 말씀드리고 싶습니다.

임수열 대표

병에 대해 알고 싶으면 의사를 찾아가야 하는데 옆집 사람한테 물어보고 판단한다고, 누가 그런 이야기를 하더라고요.

이주현 대표

큰 병은 병원 두세 군데를 가봐야 돼요. 돌팔이들이 많아서 어디 가면 수술하자고 그러는데 또 어디서는 그냥 간단하게 치료가 가능한 곳도 많습니다.

임수열 대표

예 좋습니다. 추가 질문 몇 가지만 덧붙이고 마무리하겠습니다. 아까 말씀하시면서 지금은 현금을 20% 정도 유지하고 80%는 투자할 때라고 하셨는데, 사실 지금 나스닥이 너무 상승해 있어서 시장이 조정을 받지 않겠나 하는 우려도 있거든요. 만약 현금 비중을 좀 더 방어적으로 바꿔야 할 상황이 온다면 그런 상황은 어떤 경우에 올 수 있는지 시나리오나 기준에 대해 말씀 부탁드립니다.

이주현 대표

사실 조정은 구간마다 받으면서 움직이긴 할 텐데 말씀하신 것처럼 만약 방어적으로 현금 비중을 늘려야 되는 시점이 온다면 핵전쟁 같은 극단적인 상황이거나, 현재의 러시아-우크라이나 전쟁이 확장되는 국면으로 가는 거죠. 이런 상황은 예상은 할 수 있지만 확률이 낮잖아요. 시스템에 큰 변화가 올 만한 이벤트가 없다면, 즉 거의 확률이 없는 일이 터졌을 때 그걸 블랙스완이라고 하는데 그런 일이 없다면 글쎄요, 괜찮을 것 같은데요.

다른 하나로 예상할 수 있는 건 중국 경기가 완전히 주저앉아버리는 거겠죠. 지금 부양책을 쓰고 있는데도 불구하고 계속 안 좋아지다가 마침내 터지게 된다면 중국만의 문제로 안 끝날 겁니다. 그러면 미국 입장에서 패권을 확인한다는 것은 좋겠지만 시장경제는 엄청난 충격을 받을 수밖에 없을 거예요. 굳이 생각한다면 그런 것들일 텐데요, 어차피 블랙스완은 우리가 알고 당하는 건 아니니까요.

이성웅 이사

비싸다는 이유로 매도할 필요는 없어요. 추세가 오르고 있으니까요. 오히려 버블이 왔을 때 그런 경고를 주면 현금을 늘릴 수 있는데, 아

3부 좌담 : 트럼프 2.0 시대의 주식 매매 전략

직은 아닌 것 같고요.

임수열 대표

지금 미국 주식의 버핏지수가 사상 최고치인데요, 200이 넘어 IT 버블 때보다 더 높은 수준이잖아요. 그리고 이제 PER도 거의 23 정도가 된다고 합니다. 그래서 사람들이 너무 비싼 거 아니야? 하는 상황에서 머스크가 정부 효율화를 한다며 조직과 공무원을 줄이면서 긴축을 하면, 미국 주식시장이 조정을 받을 수도 있다는 우려도 있는 것 같습니다.

이주현 대표

사람들이 그런 것 때문에 분산 투자를 하는 거잖아요. 채권도 사고 금도 사고 비트코인도 사고 하는. 그래서 분산 투자를 하는 건데 사실 말씀하신 것처럼 그런 이유 때문에 긴축을 한다면 금도 빠질 거고, 비트코인도 빠질 거고, 모든 자산이 다 빠지거든요. 그래서 피할 방법은 현금을 들고 있는 것밖에 없어요. 그런 폭락장을 기다렸다가 내가 투자하겠다고 하면, 2023년도 10월, 2022년도 여름이 저점이었음을 생각했을 때 사이클상으로는 7~8년 더 기다려야 될 것 같은데요. 우려는 할 수 있지만 아직 일어나지 않은 일을 겁내면서 가게 되면 할 수 있는 게 없어요.

　제가 하고 싶은 말은 아까 그런 상황이 발생했을 때는 손절, 매도하면 된다는 겁니다. 잘라내고 데미지를 최소화시키고 다음 기회를 노리면 되는 거지, 팬데믹 올 거 미리 다 알고 팔았던 사람 아무도 없지 않습니까?

　그런 상황이 발생했을 때 누가 빠르게 대응하고 그다음 시장이 다시 돌아설 때 또다시 살 수 있느냐 하는 게 관건인 것 같아요. 어, 하고 있는데 그냥 다 두드려 맞아서 나중에 투자할 돈이 없는 사람과 빠르게 대응해서 다시 올라갈 때 투자할 수 있는 사람은 결과가 다르겠죠. 2008년 금융위기 때도 살아남은 사람들은 대응을 빠르게 한 사람들이 대부분이거든요.

　물론 말씀하신 것처럼 지표들은 과열권을 얘기하고 있는 부분들은 있지만 미국 증시 박살나면 우리나라 증시도 박살나지 않을까요? 모든 게 다 박살나는 거니까 결국 빠른 대응만이 살길이고 어쩔 수 없는 부분인 것 같습니다. 구더기 무서워 장 못 담그겠냐는 말처럼 투자하면서 우리가 안고 가야 하는 리스크는 항상 있는 거니까 현금 20% 정도는 들고 있는 거라고 생각하시면 될 것 같아요.

임수열 대표

시간은 길지 않았지만 굉장히 알찬 내용이었다는 생각이 드는데요, 하나 덧붙이자면 코인에 대한 전망은 어떻게 하시는지 궁금하기도 합니다.

이주현 대표

투자하는 데 있어 가장 중요한 지표는 금리가 올라가냐 내려가냐, 라고 생각하거든요. 우리가 금리 사이클의 저점과 고점만 제대로 파악하면서 투자하면 뭘 사도 돈을 벌긴 해요. 많이 버냐, 적게 버냐의 차이입니다. 그러니까 금리를 현재 인하하는 사이클로 가고 있다는 기대감이 시장에서 저점을 잡게 만든 것입니다. 이 메커니즘은 인하한 다 하는 시점부터 사는 게 아니라 인하할 것이라는 기대감에 의해 부동산, 주식 등 모든 자산이 올라가는 구조잖아요. 이러한 사이클을 이해하면 돈을 벌 수 있는 건데 그 사이클이 너무 길다는 것이 문제죠. 그러니까 중간에 사람들이 이것저것 다양한 투자에 나섰다가 말씀하신 것처럼 크게 한 방 맞으면 자산이 깎이는 건데요. 지금은 금리 인하 시기라는 걸 감안해야 돼요.

코인은 투자해야 됩니다. 저는 그렇게 생각해요. 비트코인은 투자해야 되고 알트코인으로 시세가 더 나올 거니까 그거 열심히 매매해서 수익이 나면 비트코인 사고, 또 알트코인 매매해서 수익이 나면 그 수익금은 비트코인 사고, 그런 식으로요. 가장 핫한 자산인 것 같아요.

튤립이랑 비교하시는 분들도 있는데 튤립은 심으면 또 튤립이 생기잖아요. 코인은 안 그렇거든요. 이게 한정된 자산이라서 제가 봤을 때 그 희소성은 금보다 더 크다고 생각합니다. 그래서 물론 동의를 안 하시는 분들도 많겠지만 지금 형성되어 있는 가격이 모든 걸 얘기해준다고 생각합니다. 사람들이 사고 싶어 하는 상품이라는 거죠.

과거 차트를 보면 10월에서 다음해 3월까지 상승했던 구간들이 여러 번 있었습니다. 꼭 과거의 데이터와 같이 움직이는 것은 아닐 수 있지만 참고는 해야겠죠.

이성웅 이사

이번에 트럼프 정부가 들어서기 전에 실리콘밸리의 친 비트코인 쪽 기부금이 트럼프 당선인 쪽으로 미리 몰렸어요. 이는 예견된 일이었고,

현재 재무부를 포함한 새 정부 인사들이 모두 비트코인에 우호적이죠. 코인은 되는 자산이고, 트럼프 정부 동안 긍정적인 전망을 가지고 있습니다.

이주현 대표

현재 현물 ETF에 2024년 들어온 자금이 40조, 10월 한 달에만 10조 원이 들어왔죠. 또한 미국 편의점 프랜차이즈 쉬츠Sheetz가 미국 전역의 750개 매장에서 암호화폐 결제를 진행하고 있어요. 그러면 이제는 화폐로서의 가치 여부를 떠나 비트코인이 실제로 물건을 살 수 있는 수단이 되고 있는 거잖아요.

변화하는 과정에 적응하는 사람들은 돈을 많이 버는 거고, 저게 될까 하는 사람들은 돈을 못 버는 거죠. 현재 자산으로서의 가치는 이미 형성되어 있고, 금리인하 사이클은 돈이 시장에 풀리는 시점이니 자산 가치는 올라간다고 보는 거죠. 화폐 가치가 떨어지니까요.

임수열 대표

오늘 좌담회는 정말 깊이 있는 통찰과 다양한 관점을 공유하는 시간이었습니다. 이주현 대표님과 이성웅 이사님께서 미국과 한국시장에 대한 분석은 물론 트럼프2.0 시대의 투자 원칙과 관심을 갖고 봐야 할 종목과 섹터, 코인 등 최신 트렌드까지 폭넓게 다루어주셔서 정말 많은 도움이 되었습니다.

트럼프2.0 시대의 불확실성 속에서도 두 분의 말씀처럼 시장은 언제나 기회와 리스크가 공존합니다. 이런 때일수록 믿음이나 신념에 의존하지 않고, 데이터와 흐름을 읽으며 유연하게 대처해야 합니다.

한국시장에 대해서도 부정적인 시각과 긍정적인 가능성이 함께 논의되었습니다. 상법 개정을 통해 거버넌스 이슈가 개선되고, 장기 투자자에 대한 세제 지원과 같은 정책들이 뒷받침된다면 한국 증시는 분명 여러 단계 밸류업 되는 때가 올 것입니다.

끝으로, 오늘 좌담회에서 논의된 내용들이 대중의 투자 전략에 유익한 참고가 되었기를 바랍니다. 불확실성이 가득한 시기일수록 철저한 준비와 원칙에 입각한 투자만이 우리의 자산을 지키고 성장시킬 수 있는 길이라는 점을 잊지 않으셨으면 합니다. 오늘 함께 해주신 두 분께 진심으로 감사드리면서 좌담회를 마치겠습니다. 감사합니다.

흔들리지 않고 피는 꽃은 없다

말 그대로 흔들리지 않고 피는 꽃은 없습니다. 주식투자를 하다 보면 좌절하는 순간이 찾아오고 힘들고 지칠 때가 있습니다. 기술을 배웠다고 해도 그 기술을 자신의 것으로 만들기 위해서는 시간과 노력이 필요합니다.

주식투자 역시 마찬가지입니다. 자신에게 맞는 한 가지 매매방식을 선택하고 그 매매를 꾸준히 연마하는 것이 중요합니다. 그러기 위해서 매매일지는 필수입니다. 모든 내용을 기록해 두세요. 종목에 붙은 재료는 HTS나 MTS 종목 메모란에 기록이 가능합니다. MTS 켜서 차트를 캡처하는 것도 가능합니다.

그날 거래대금 상위 종목이나, 신고가에 들어서는 종목들이 있다면 주가가 어떤 흐름으로 움직였는지 캡처해 두세요. 앞에서 배운 대로 어떤 구간에서 매수가 가능했는지, 실제로 매매를 했다면 수익이 났을 때와 손실이 났을 때 시장은 어떤 상황이었으며 어떤 부분이 손실로 이어졌는지, 그런 사항들을 매매일지에 꾸준히 기록하여 남기면 그 기록은 데이터가 되고 여러분이 성장하는 밑거름이 될 것입니다.

주식 시장에서 여러분은 특별하지 않습니다. 혹시라도 나는 특별하다는 착각을 하고 있다면 버리시기 바랍니다. 특별하지 않은 사람이 성공하기 위해서는 그 분야에 많은 시간과 노력을 투자해야 가능합니다.

여러분께 말씀드린 내용은 근원적인 흐름에 대한 설명이었습니다. 추세, 저항 그리고 거래대금에 대한 부분들을 깊이 생각해 보시기 바랍니다. 지치지 마시고 끝까지 포기하지 않는다면 분명 여러분도 환하게 피는 꽃이 될 것입니다.

이주현

여러분의 여정을 응원합니다

최근에는 뉴스 매체도 다양해지고 정보를 접할 수 있는 채널도 다양화되면서 정보 비대칭성의 완화를 넘어서 정보의 홍수 상태에 이르렀습니다. 이런 상황에서는 원칙의 정립이 중요하며, 그 원칙을 중심에 두고 주식시장을 바라본다면 좋은 결과를 얻을 수 있을 것이라고 생각합니다.

주식시장에서는 원칙이 깨지는 것을 두려워하기보다는 원칙 중 잘못된 부분이 있다면 유연하게 돌아서서 대처하는 것이 필요합니다. 본인만의 루틴을 만들어 놓는 것도 좋은 방법입니다. 하루하루 선순환할 수 있는 루틴을 만들어 둔다면 주식투자도 좋은 에너지와 함께 가능합니다.

특정 업종이나 종목 차트를 프린트하여 일자별로 있었던 업종 및 종목에 대한 특징을 정리해 두면 이후 종목에 대한 정보를 찾아보는 데 매우 유용합니다.

최근 HTS(홈트레이딩 시스템)에는 메모 저장 기능이 있어 좀 더 편한 정리가 가능합니다. 그리고 매매한 내용을 모두 기록하지 않더라도, 손실에 대한 복기나 각자의 기준에서 의미 있는 비중으로 나의 포트폴리오에 편입하게 된 종목은 매수 일지를 쓰게 되면 그 부분이 누적되어 실수를 줄일 수도 있습니다.

주제에 대한 내용을 써 나가면서 과거에 업종 및 종목에 대해 정리한 내용이나 투자했던 부분을 떠올려 보니 그때의 기억들도 함께 떠오릅니다. 주식시장은 매일 열리는데 조바심을 냈던 기억도 있고, 시장이 하염없이 빠질 때는 힘들어했던 기억도 함께 스쳐 지나갑니다.

제가 쓴 내용이 목적지를 향하는 여정을 굽이굽이 돌아가기보다는 조금이나마 지름길로 갈 수 있는 데 작은 도움이 되기를 빌어봅니다. 언제나 응원합니다.

이성웅

살 자리 팔 자리 잡아주는

한국형 주식 매매법

지은이 l 이성웅, 이주현

1판 2쇄 발행 l **2025년 4월 15일**

펴낸곳 l ㈜지식노마드
펴낸이 l 노창현

표지 및 본문 디자인 l 스튜디오41
등록번호 l 제313-2007-000148호
등록일자 l 2007. 7. 10

(04032) 서울특별시 마포구 양화로 133, 1201호(서교동, 서교타워)
전화 l 02) 323-1410
팩스 l 02) 6499-1411
이메일 l knomad@knomad.co.kr

값 22,000원
ISBN 979-11-92248-26-4 (13320)